彼女は慰安婦ではない　違法少女売春婦だ

少女慰安婦像は韓国の恥である

著作　又吉康隆

慰安婦問題と言えば第二次世界大戦中の日本兵相手の売春婦のことを中心に展開される。日本本土（内地）の日本女性のほか、日本の植民地だった朝鮮半島や台湾出身者も慰安婦にされた。日本軍の侵攻に伴い中国、フィリピン、ビルマ（現ミャンマー）、マレーシアなど各地で慰安所が作られ、現地女性も送り込まれた。オランダの植民地だったインドネシアでは現地女性のほか、捕虜のオランダ女性も慰安婦にされた。

問題になるのは慰安婦は性奴隷だったのかそうではなかったのかである。韓国は慰安婦は性奴隷だったと主張している。日本の場合は性奴隷であったという主張とそうではなかったという主張に二分している。

韓国の元慰安婦たちの証言、歴史的な事実、噂などが入り混じり、性奴隷であったという主張とそうではなかったという主張はいつまでも平行線である。混沌とした中にあるからこそ私たちは冷静に慰安婦について検証する必要がある。

明治政府は四民平等、法治主義を掲げて始まった。帝国主義、富国強兵も掲げていたから、明治以後の日本が帝国主義であったことは否めない事実である。しかし、帝国主義であったから四民平等、法治主義はないがしろにしたということではない。明治政府は日本の近代化を目指して四民平等、法治主義を実現していった。慰安婦問題も日本では四民平等、法治主義に深く関係している。

目次

大坂夏の陣図屏風

日本軍が大陸進出をし、戦争をしたから慰安婦が居たのは事実である。日本軍が大陸進出をしなければ慰安婦は存在しなかった。慰安婦が存在した責任は日本にある。それは異論を挟む余地はない。

慰安婦が性奴隷であったのか、性奴隷ではなかったのかを主張し合う前に、私たちは慰安婦について正確に知らなければならない。慰安婦がどんな存在であったかを正確に知って初めて正当な主張ができる。

慰安婦は先の大戦で急に誕生したのではない。誕生するまでには長い日本の歴史がある。私たちはそのことを知る必要がある。

慰安婦問題をやる前にあなたに見てもらいたい絵がある。大坂夏の陣図屏風に描かれた絵である。

大坂夏の陣図屏風（おおさかなつのじんずびょうぶ）は、慶長２０年（１６１５年）に起きた大坂夏の陣の様子を描いた紙本金地著色・六曲一双の屏風絵である。大阪城天守閣所蔵、重要文化財。筑前福岡藩黒田家伝来で、「黒田屏風」、「黒田本」とも呼ばれる。戦国時代最後の戦いの激烈さと戦災の悲惨さを迫真の描写で描き出し、数ある日本の合戦図屏風の中でも白眉と呼ばれる。

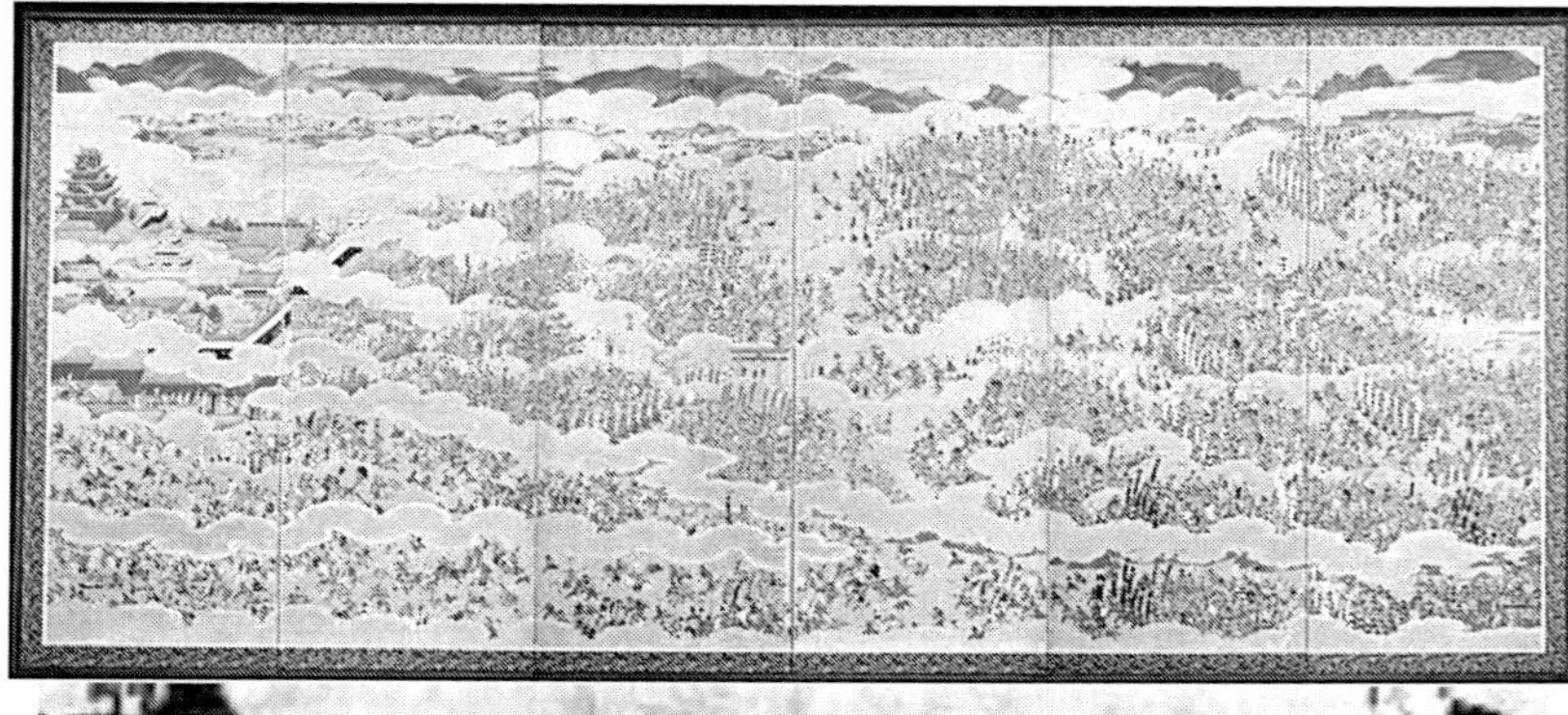

大坂夏の陣図屏風　（大阪城天守閣・国指定重要美術品）

各隻150．3x360．7㎝の大画面に、人物5071人、馬348頭、幟1387本、槍974本、弓119張、鉄砲158挺などが精緻に描き込まれている。右隻には1615年6月3日（慶長20年5月7日）大坂夏の陣最後の戦いの様子が、左隻には大坂落城間際、または後の大混乱する様を迫真的に描き出している。全体的な構図は大坂城を中心に、向かって右が南、左が北で、右から左へ合戦の推移が時系列順に自然に展開するよう工夫されている。それだけなら合戦の絵であるが、大坂夏の陣図屏風には合戦ではなく戦争から逃げようとする敗残兵や避難民が描かれていて、略奪・誘拐・首狩りしようとする徳川方の兵士や野盗も描かれている。このような生々しい描写は他の合戦図屏風には見られない。

制作時期は、生々しい描写から陣後まもなくだったと推測される。福岡藩の故実によれば合戦に参加した黒田長政が、この戦いを記録するために筆頭家老の黒田一成、または家臣の竹森貞幸に命じて作成したものとされる。ただ、長政は右隻第2扇目中央やや上に、あまり目立たない形で描かれている。異説として右隻第3扇目上部にこの戦いで討ち死にを遂げた本多忠朝が奮戦する様子を描いていることから本多家で作られ、それが婚礼の輿入れ調度の一つとして黒田家にもたらされたとする説もある。しかし、黒田吉之に本多家の姫が輿入しているが、光之が編纂させた黒田家の故実成立と時期が重なっているためにこの説の信憑性は薄い。

描いたのは「八郎兵衛」なる絵師が一人で描いたとする説や、土佐派を学んだ「久左衛門」、両者を折衷する説、右隻と左隻で保存状態が異なり（左隻のほうが状態が良い）、描写の微妙な差異が指摘されることから、左隻はやや後に別の絵師によって作られたとする説や、同一工房内で複数の絵師が手掛けたとする説がある。

大坂夏の陣図屏風は戦をテーマにした絵である。武将たちが勇ましく戦っている絵が多い。しかし、この屏風は他の戦の屏風とは違う絵がある。兵士たちが戦っている絵だけではなくて、戦乱から逃げようとする町民を兵士が襲っている絵もある。

そして。女性が兵士に襲われる衝撃的な絵がいくつもある。世界でもこんな絵は少ないと思う。

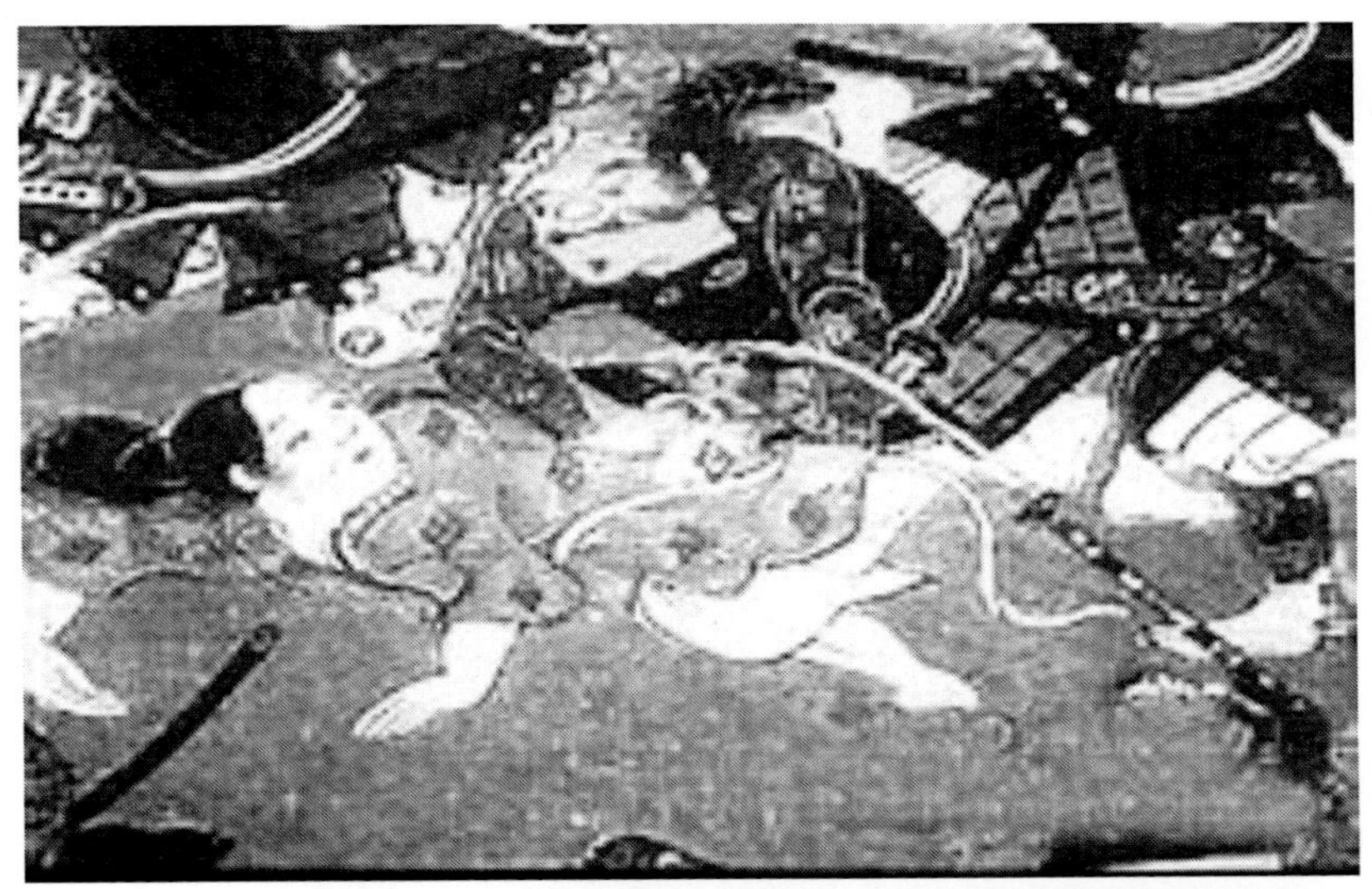

戦場は無法地帯であることをこの屏風絵は如実に表している。殺人をしても強姦をしても逮捕する警官はいない。兵士のやりたい放題である。

勝ったほうの兵士は農民・町民の財産を取り上げ、抵抗するものは殺し、女を強姦する。それが当たり前のように行われていたのが戦場である。

それは歴史的事実である。NHKの日曜大河の戦国時代ドラマの戦争の裏には農民・町民の惨劇が繰り返されていたのである。しかし、NHKは武将たちのかっこういいドラマを描くだけである。NHKだけでなく時代劇ドラマでは戦争の裏側で町民や農民が兵士に略奪され、殺され、強姦される凄惨な様子はほとんど描かない。描いてあるのが大坂夏の陣図屏風である。

大坂夏の陣図屏風は戦争をリアルに描いたというより、あってはいけない戦争の悲劇を描いたのだと考えられる。

このような女性の性被害をなくすことを武将たちは考えていた。それが公娼制度の始まりである。

日本の公娼制度の歴史

日本における公娼制度の歴史は、一一九三年（建久四年）に、遊女屋および遊女を取り締まるために、源頼朝が里見義成に遊女別当を命じたことが、関連する史実の文献初出であるらしい。

室町時代足利氏は、一五二八年（大永八年）に傾城局をもうけ、竹内新次郎を公事に任じ鑑札を与えて税金を取った。売春業を公に認めたのである。

戦国時代には、続く戦乱によって奴隷売買も盛んになり、遊女も増えた。

天文・永禄のころには駿河の富士の麓に富士市と称する所謂奴隷市場があって、妙齢の子女を連れてきて、売買し、四方に輸出して遊女とする習俗があったという。

封建時代は遊女は奴隷であった。その奴隷制度は江戸時代まで続く。武将は遊女屋を増やすことによって一般女性の性被害を押さえる政治をやったのである。その時代は売春を禁止すれば性被害が増えるのは確実であった。性被害を減らすには遊女屋を許可するのが最良の方法だったのである。売春を禁止し、強姦の取り締まりを厳しくすればいいと考えることもできるが、戦乱の世ではそんな余裕はあるはずもなかった。

秀吉は「人心鎮撫の策」として、遊女屋の営業を積極的に認め、京都に遊郭を造った。一五八五年に大阪三郷遊郭を許可。八九年京都柳町遊里（新屋敷）＝指定区域を遊里とした最初である。秀吉も遊びに行ったという。

オールコックの『大君の都』によれば、「秀吉は・・・・部下が故郷の妻のところに帰りたがっているのを知って、問題の制度（遊郭）をはじめたのである」やがて「その制度は各地風に望んで蔓延して伊勢の古市、奈良の木辻、播州の室、越後の寺泊、瀬波、出雲碕、その他、博多には「女膜閣」という唐韓人の遊女屋が出来、江島、下関、厳島、浜松、岡崎、その他全国に三百有余ヶ所の遊里が天下御免で大発展し、信濃国善光寺様の門前ですら道行く人の袖を引いていた」のだという。

江戸時代の公娼制度・遊郭

江戸時代に入ると、麹町道三町、麹町八丁目、神田鎌倉海岸、京橋柳橋に遊女屋がいとなまれた。

家康は『吾妻鏡』に関心を示し、秀吉の遊郭政策に見習い、徳川安泰を謀り、柳町遊女屋庄司甚右衛門に吉原遊郭設置許可を与えた。庄司甚右衛門は「(大遊郭をつくって）大阪残党の吟味と逮捕」を具申したのである。甚右衛門はこう述べた。

1、大阪残党の詮議と発見には京の島原のような規模が適切である。
2、江戸に集まる人々の性犯罪の防止のため。
3、参勤交代の武家の性処理。
4、江戸の繁栄に役立つ。

幕府は三都の遊郭（吉原、京の島原、大阪新地）を庇護して税金を免除し、広大な廓内に自治権を与え、業者を身内扱いしたのであった。将軍代替わりの祝儀、料理人の派遣、摘発した私娼の引渡しがなされ、江戸では一六六六年に私娼大検挙がなされ、湯女五一二人が吉原に引き渡され吉原の繁栄をもたらした。

明治以降の日本の「公娼制度」にも政府と遊郭との結びつきが見られるのは、江戸時代に幕府と遊郭業者が結びついたこの伝統下にあると言える。江戸幕府は、散在する遊女屋を特定地域に集合させるために、一六一七年（元和三年）、日本橋葺屋町界隈に遊郭の設置を許可し、ここを「吉原」と命名した。一六五七年（明暦三年）に、浅草日本堤下に移転（新吉原）を命じた。この時、五箇条の掟書を出して、その取締規則によって営業させせた。

こうして江戸に遊郭が設置され、ついで京都、伏見、兵庫、大津などにも公認の遊郭が設置された。その一方で、市中にひそむ私娼を取締まり、これを禁じた。このため、城下町や駅路でいとなまれる遊女屋は、「はたごや」という名目をとり、そこの遊女を「こども」、「めしもりおんな」などといった。

二百数十年間に渡って日本各地に遊郭が栄え、江戸文化の一つとなったが、やがて、性病が蔓延し、幕末には約三割が梅毒感染者であったとも言う。家康自身が70を過ぎて淋病にかかったという。

明治になって遊女は奴隷制度から解放される

明治時代になって、遊郭はさらなる発展を遂げるようになった。横浜では外人目当ての遊郭が生まれ、政府は会津征伐の軍資金五万両を業者に出させ、代わりに築地鉄砲洲遊郭の設置を許可したりもした。

明治維新ののち、一八七三年（明治六年）十二月、公娼取締規則が施行された。警保寮から貸座敷渡世規則と娼妓渡世規則が発令された。のちに公娼取締規則は地方長官にその権限がうつり、各地方の特状により取締規則が制定された。

たとえば東京では、一八八二年（明治一五年）四月、警察令で娼妓渡世をしようとする者は父母および最近親族（が居ない場合は確かな証人二人）から出願しなければ許可しないとした。

やがて群馬県では県議会決議によって、全国で初めて公娼そのものを全面的に禁止する条例が可決された。


遊郭を奴隷制度だと非難し、改革させるきっかけになったのがマリア・ルス号事件であった。マリア・ルス号事件をきっかけに明治政府は遊女を奴隷制度から解放する。

マリア・ルス号事件

一八七二年(明治五年)七月九日、中国の澳門からペルーに向かっていたペルー船籍のマリア・ルス号が横浜港に修理の為に入港してきた。同船には清国人（中国人）苦力(クーリー)二三一名が乗船していたが、数日後過酷な待遇から逃れる為に一人の清国人が海へ逃亡しイギリス軍艦(アイアンデューク号）が救助した。そのためイギリスはマリア・ルス号を「奴隷運搬船」と判断しイギリス在日公使は日本政府に対し清国人救助を要請した。

知っている通り明治政府は四民平等を宣言した。四民平等は奴隷制度を否定している。そのため当時の副島種臣外務卿（外務大臣）は大江卓神奈川県権令（県副知事）に清国人救助を命じた。しかし、日本とペルーの間では当時二国間条約が締結されていなかった。このため政府内には国際紛争をペルーとの間で引き起こすと国際関係上不利であるとの意見もあったが、副島は「人道主義」と「日本の主権独立」を主張し、マリア・ルス号に乗船している清国人救出のため法手続きを決定した。

マリア・ルス号は横浜港からの出航停止を命じられ、七月十九日（八月二十二日）に清国人全員を下船させた。マリア・ルス号の船長は訴追され、神奈川県庁に設置された大江卓を裁判長とする特設裁判所は七月二十七日（八月三十日）の判決で清国人の解放を条件にマリア・ルス号の出航許可を与えた。だが船長は判決を不服としたうえ清国人の「移民契約」履行請求の訴えを起こし清国人をマリア・ルス号に戻すように訴えた。

この訴えに対し二度目の裁判では移民契約の内容は奴隷契約であり、人道に反するものであるから無効であるとして却下した。ところが、この裁判の審議で船長側弁護人（イギリス人）が、

「日本が奴隷契約が無効であるというなら、日本においてもっとも酷い奴隷契約が有効に認められて、悲惨な生活をなしつつあるではないか。それは遊女の約定

である」

として遊女の年季証文の写しと横浜病院医治報告書を提出した。

その頃の遊女は親の借金のかた＝抵当として遊女にさせられ、利子代わりつまり無報酬で働かされていた。親が借金を返すまでは遊郭から出ることはできなかった。貧しい親に借金を返済することはできるはずもなく、遊女は一生解放されなかった。それは奴隷同然であり、船長側弁護人の政府批判に明治政府は反論できなかった。痛いところを突かれた明治政府は公娼制度を廃止せざるを得なくなり、同年十月に芸娼妓解放令が出され、娼婦は自由であるということになった。

この驚くべき事実をほとんどの人が知らないようである。

裁判により、清国人は解放され清国へ九月十三日（十月十五日）に帰国した。清国政府は日本の友情的行動への謝意を表明した。

明治政府は士農工商の身分制度を廃止して四民平等の社会にした。それは奴隷制度の否定でもある。だから、奴隷である清国人（中国人）苦力二三一名を解放したのだ。しかし、奴隷制度を否定している日本が遊女を奴隷にしていると指摘された。そのために明治政府は公娼制度を廃止し、同年十月に遊郭の娼婦たちを自由にする芸娼妓解放令を出さざるを得なくなった。明治政府は一時的ではあるが遊女を完全に自由にしたのである。

明治政府は四民平等政策を推し進めていっていったが、売春禁止はやらなかった。四民平等といっても日本はまだまだ男尊女卑の社会だった。それに遊郭からの税収は莫大であったから政府としては簡単に遊郭をやめるわけにはいかなかった。芸娼妓解放令を出した明治政府であったが、遊郭を存続させたいのが本音だったのである。また、遊女を自由にしてしまうといたるところで売春ができることになり、それでは世の中が乱れてしまう。四民平等＝奴隷否定と遊郭の問題で明治政府は苦心する。

明治五年に遊郭の遊女は奴隷であると指摘されて芸娼妓解放令を出してから二十八年間試行錯誤を積み重ねていった明治政府は明治三十三年に「娼妓取締規則」を制定するのである。

一八八九年（明治二十二年）、内務大臣から、訓令で、これより娼妓渡世は十六歳未満の者には許可しないと布告された。

一八九一年（明治二十四年）十二月までは士族の女子は娼妓稼業ができなかった

が、内務大臣訓令によりこれを許可するとした。

一九〇〇年（明治三十三年）五月、内務大臣訓令により、十八歳未満の者には娼妓稼業を許可しないと改正された。

一九〇〇年（明治三十三年）十月、内務省令第四十四号をもって、娼妓取締規則が施行された。これによって、各府県を通じて制度が全国的に統一された。

昭和四年には、全国五一一箇所の遊廓において貸座敷を営業する者は一万一一五四人、娼妓は五万五十六人、遊客の総数は一箇年に二二七八万四七九〇人、その揚代は七二二三万五四〇〇円であった。

マリア・ルス号事件を体験した明治政府が「娼妓取締規則」を作るにあたって、最も注意を払ったのは公娼は本人の自由意志で決める職業であり奴隷ではないということであった。そのことを示しているのが娼妓取締規則の条文にある。

第三条に、娼妓名簿に登録する時は本人が自ら警察官署に出頭し、左の事項を書いた書面を申請しなければならないと書いてある。娼妓になるのは強制ではなく本人の意思であることを警察に表明しなければならなかったのである。

第十二条に、何人であっても娼妓の通信、面接、文書の閲読、物件の所持、購買其の外の自由を妨害してはならないと書いてある。娼妓の自由を保障している。

第十三条の六項では、本人の意に反して強引に娼妓名簿の登録申請又は登録削除申請をさせた者を罰すると書いてある。

娼妓の住まいを限定する一方で行動の自由を保障しているから娼妓は奴隷ではないと明治政府は主張したのである。娼妓が奴隷ではないということは四民平等を宣言した明治政府にとって近代国家として世界に認められるかどうかの深刻な問題であった。

多くの評論家が、明治政府が売春婦を性奴隷にさせないために「娼妓取締規則」を制定したという肝心な事実を軽視している。

韓国の自称元慰安婦たちが日本軍に性奴隷にされたと日本政府を訴えているが、

戦前の日本政府と日本軍は「娼妓取締規則」を遵守し性奴隷をなくすために努力していた。法治国家であった日本にとってそれは当然のことである。

日本軍が強制連行をやり性奴隷にしたという自称元慰安婦たちの主張は明治政府の四民平等と法の精神を踏みにじるものである。

■娼妓取締規則（明治三十三年十月内務省令四十四号）

第一条　十八歳未満の者は娼妓になってはいけない。

第二条　娼妓名簿に登録されていない者は娼妓稼をしてはいけない。娼妓名簿は娼妓所在地所轄警察官署に備えるものとする。娼妓名簿に登録していない者は警察官署が取り締まる。

第三条　娼妓名簿に登録する時は本人が自ら警察官署に出頭し、左の事項を書いた書面を申請しなければならない。

一　娼妓になる理由

二　生年月日

三　親のいない時は戸主の承諾を得る。もし、承諾を与える者がいない時は其事実を書く。

四　未成年者の場合は戸主と実父、実父がいない時は実母、実父母がいない時は実祖父、実父母実祖父がいない時は実祖母の承諾を得なければならない。
五　娼妓稼をする場所を明記する。
六　娼妓名簿登録後に於ける住居を明記する。
七　現在の生業を報告する。ただし、他人に頼って生計を営む者はその事実を報告する。
八　現在娼妓であるかの有無を報告する。または嘗て娼妓であった者は其稼業の開始廃止の年月日、場所、娼妓だった時の住居を報告し、稼業廃止の理由を報告する。
九　前各号の外庁府県令にて定めた事項を報告する。
前項の申請には戸籍吏の作った戸籍謄本前項第三号第四号承諾書及び市区町村長の作った承諾者印鑑証明書を添付しなければならない。
娼妓名簿登録申請者は登録前に庁府県令の規定に従い健康診断を受けなければならない。
第四条　娼妓稼を禁止された者は娼妓名簿から削除するものとする。
第五条　娼妓名簿削除の申請は書面又は口頭でする。
第六条　娼妓名簿削除申請に関しては何人といえども妨害をしてはならない。
第七条　娼妓は庁府県令を以て指定した地域外に住居することは許されない。
娼妓は外出する場合は警察官署の許可を受けなければならない。

第八条　娼妓稼は官庁の許可した貸座敷以外では仕事をしてはいけない。
第九条　娼妓は庁府県令の規定に従い健康診断を受けなければならない。
第十条　警察官署の指定した医師又は病院で病気だと判断された者や伝染性疾患にかかった者は治癒したと医者が診断しない限り稼業に就くことをしてはならない。
第十一条　警察官署は娼妓名簿の登録を拒んではならない。
庁府県長官は娼妓稼業を停止し又は禁止することをしてはならない。
第十二条　何人であっても娼妓の通信、面接、文書の閲読、物件の所持、購買其の外の自由を妨害してはならない。
第十三条　左の事項に該当する者は二十五円以下の罰金又は二十五日以下の重禁固に処す。
一　虚偽の事項を書いて娼妓名簿登録を申請した者。
二　第六条第七条第九条第十二条に違反した者。
三　第八条に違反したもの。及び官庁の許可した貸座敷以外で娼妓稼をさせた者。
四　第十条に違背した者。及び第十条によって稼業に就いてはいけない者を強引に稼業に就かした者。
五　第十一条の停止命令に違背した者。及び稼業停止中の娼妓を強引に稼業に就かした者。

六　本人の意に反して強引に娼妓名簿の登録申請又は登録削除申請をさせた者。
第十四条　本令の外必要な事項は庁府県令で之を定める。
第十五条　本令施行の際現に娼妓である者は申請を持たして娼妓名簿に登録するものとする。

日本は明治になって近代国家を目指した。近代国家の基本中の基本が法治主義である。明治政府は政党政治によって近代国家の基礎となるべき法律を精力的につくっていった。明治、大正、昭和と日本は法治主義を発展させていった。日本が法治主義であったことを念頭において慰安婦問題を考えるべきである。

日本政府は明治三十三年に娼妓取締規則を制定した。韓国の元慰安婦問題に取り組んでいる人たちは日本が法治国家であったこと、娼妓取締規則があったことを軽視しているように思える。軽視するべきではない。むしろ、重視するべきである。

戦前は娼妓取締規則を遵守した売春のみが政府が認めた売春であった。売春婦には公娼と私娼がいた。政府が公認した売春婦が公娼であり、私娼は政府が認めない違法な売春婦であった。警察は私娼を取り締まった。

歴史的に見ると、自然発生的に発生した売春を野放しにしていると多くの深刻な問題が起こるのでそれを防ぐために国家が法律をつくり売春を統制していったことが分かる。

売春禁止法がある現在から過去に対して女性の人権無視だと売春を認めた公娼制度を非難することはできるが、歴史的にみると単純に非難することはできない。

大坂夏の陣図屏風に描かれている町民の悲惨な犠牲、戦国時代の奴隷売買、秀吉時代の遊郭の許可、江戸時代の五箇条の掟書による取り締まり強化、そして、明治政府による公娼制度。私たちはこのような国による売春への対処の歴史を正確に知るべきである。知った上で戦時中の慰安婦を問題にするべきだ。

戦前の日本には十五条からなる公娼制度があった。この法律は売春行為を野放しにしないための法律だった。公娼制度を制定することによって私娼を禁止し取り締まることができた。

公娼は登録制であった。公娼は十八歳以上であること。親の許しを得ること。政府が指定する場所でのみ(吉原など)商売をすること。定期的に性病検査を受けること等々の法律をつくり、明治政府は売春を規制したのである。

日本軍が大陸に進出すると、売春業者も日本軍を追って大陸に渡った。日本軍相手の芸能団を慰問団と呼び、公娼たちを慰安婦と呼んだ。

日本政府は兵士に梅毒などの性病が広がることを恐れ、大陸でも公娼制度を適用した。公娼制度を適用するということは、売春ができる場所は吉原のように日本政府が許可する場所だけになる。それが慰安所だった。大陸では日本軍が日本政府の代理を務めることになる。だから、周囲の環境を考慮した上で日本軍は慰安所を指定したのである。

日本軍が慰安所をつくったのではなく、日本軍は政府の代理として慰安所が設置できる場所を指定したのである。慰安所を設置できる建設業者が居ない場所では日本軍が設置したことがあっただろう。

公娼制度では定期的に性病検査を受けなければならない。民間の医師がいない戦場では軍医が性病検査をしたのである。もし、公娼制度がなく慰安所がなかったら、売春宿が至る所に存在し、性病が蔓延しただろう。

公娼制度を適用している慰安所には十八歳以上でなければ慰安婦として入ることはできなかった。十一歳、十四歳の慰安婦を日本軍が許すはずがない。十一歳、十四歳の慰安婦は居なかった。

映画「春婦伝」で見る慰安婦の実態
慰安婦は性奴隷ではなかった

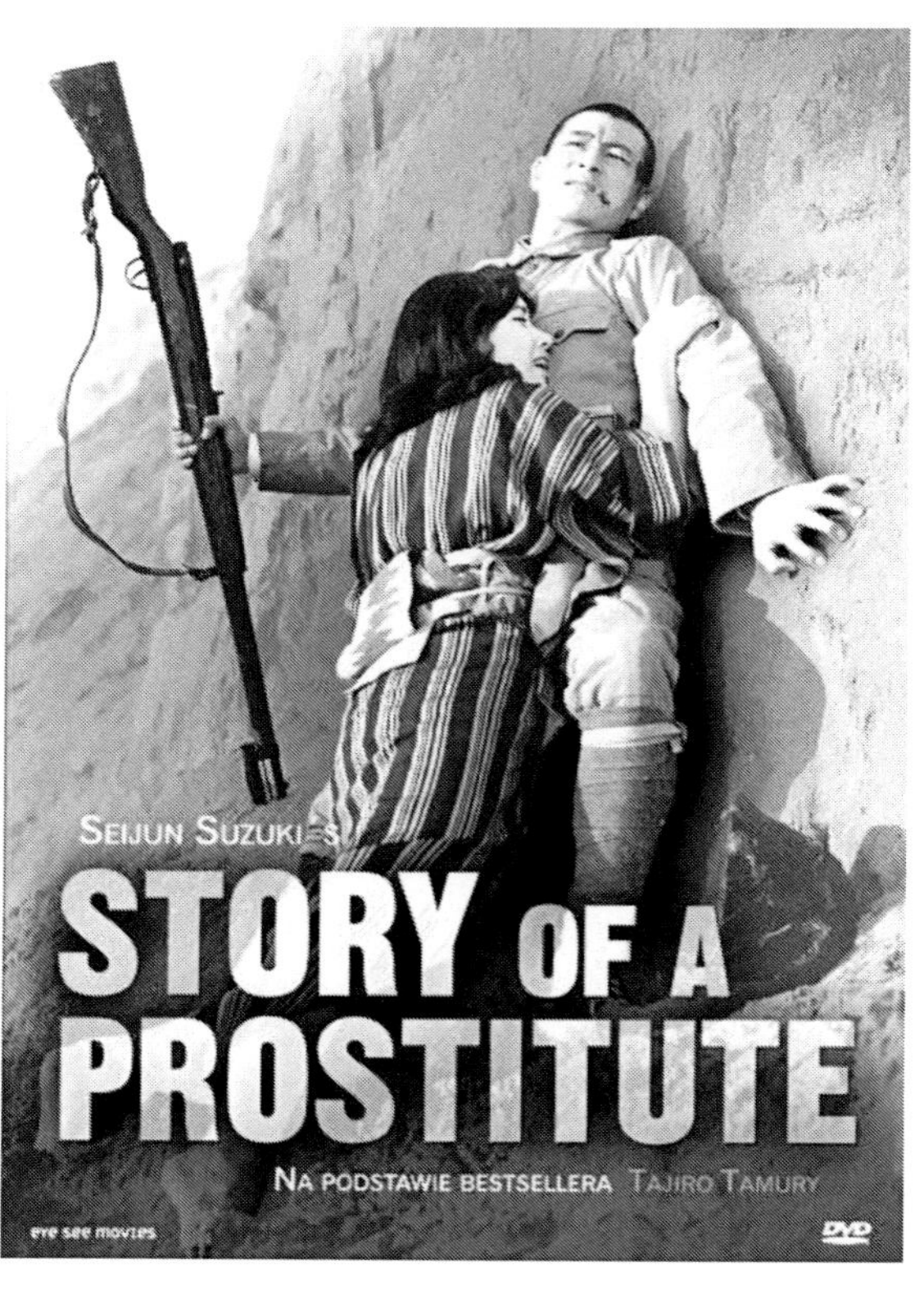

一九六五年に日活映画「春婦伝」が封切られた。原作者は田村泰次郎で小説は１９４７年に発表していた。

田村泰次郎（1911年11月30日～1983年11月2日）
『選手』（34年）で文壇に登場。40年出征，中国を転戦し46年帰国。戦場で得た認識をもとに肉体の解放こそ人間の解放であると主張した『肉体の悪魔』（46年）、『肉体の門』（47年）、『春婦伝』（47年）を発表。

日活映画「春婦伝」は野川由美子二十一歳、体当たり演技の迫力ある映画である。

「春婦伝」は満州を舞台にした日本軍の慰安所で働く売春婦と真面目な兵士との恋愛映画であるが、慰安婦の実態を忠実に描いた作品でもある。

「売春婦、娼婦、淫売、晴美は天津の売春婦である。天津にいる間、彼女は一人の日本人を愛した。その男に自分の全部を賭けて、根限り愛し愛し抜いた。夫婦になるために。しかし、その男は、日本から花嫁を連れて帰ってきた」のナレーターで映画が始まる。男に絶望した晴美は天津から離れて、満州の慰安所に行く。

一九六五年と言えば終戦から二十年しか経っていない。戦時中に三〇歳だった人間でも五十歳である。「春婦伝」をつくったほとんどの人間が慰安婦や慰安所の実態を知っていただろう。だから、「春婦伝」の慰安所の様子はリアルに描いている。

慰安婦の実態を知るのに貴重な映画である。しかし、慰安婦という言葉はこの映画には出てこない。この映画では売春婦の隠語である「ピー」を使った。

「春婦伝」は外国でも上映された。外国で上映した時の題名は「ＳＴＯＲＹ ＯＦ Å ＰＲＯＳＴＩＴＵＴＥ」である。ＰＲＯＳＴＩＴＵＴＥとはプロの売春婦という意味である。プロと呼称されていることは慰安婦は売春婦であり性奴隷ではないことを意味している。

米国戦争情報局心理作戦班報告によるビルマのミッチーナに配属された韓国慰安婦の調査記録がある。

韓国で、およそ八〇〇人が慰安婦募集に応じ、一九四二年八月二〇日頃、慰安所の慰安婦斡旋業者に連れられてラングーンに上陸し、八人から二十二人のグループに分けられ、大抵はビルマの各地の日本軍拠点の近くの街に派遣された。

そのうち四つのグループ(キョウエイ、キンスイ、バクシンロウ、モモヤ)がミッチーナに配属された慰安婦の記録が残っている。

日本兵の数によって慰安婦の数も決まっていた。慰安婦の数は既定によって各軍隊によって要求される。要求に応じて日本や韓国の斡旋業者が慰安婦希望者を集めるのである。

彼女たちは日本軍の艦船やトラックに乗って移動する。慰安婦を日本軍のトラックで運んでいたことを「強制連行した」と述べている韓国の自称元慰安婦や日本の慰安婦研究者はまるで日本軍が悪いことをやったように述べているが、戦時中に一番安全なのは日本軍による移送であった。慰安婦の安全を守るために日本軍の艦船やトラックで移送したのである。

映画「春婦傳」では慰安婦や兵士、物資を移送しているトラック隊が敵軍に襲われて数名の兵士が死ぬ。もし、民間人だけで行こうとしたら、敵の餌食になることは確実である。

日本軍は慰安婦の安全を守るためにトラックで運んだのである。

映画「春婦傳」でトラックに乗っている慰安婦たちを描いている。

トラックの中、三人の慰安婦と楼主(ろうしゅ)、そして二人の日本兵が乗っている。右端に帽子を被っている男は慰安所を経営している男で楼主である。彼は兵士ではなく民間人である。

なぜ、トラックに民間人である慰安婦と楼主が乗っているかということについての説明は映画ではしない。説明がないのは慰安婦が日本軍のトラックに乗るのは普通のことであり、説明する必要がなかったからだ。

彼女たちの安全を守り、目的地まで送り届けるのが日本軍の輸送隊の役目であった。

彼女たちは売春婦であるが性奴隷ではない。三人の慰安婦は自分の意思で天津から新しい地へ向かっているのは楼主との会話から分かる。


慰安婦1＝旦那、いつ着くんです。

楼主＝ああ。

慰安婦1＝なんだか心細くなってきたよ。いくらシナは広いったって、天津を出てから真黄色の原っぱばっかしじゃないか。


楼主と慰安婦三人を日本軍のトラックが運んでいる。中国大陸は敵地である。慰安婦を安全に運ぶために日本軍のトラックを利用するのは当然である。

前を走っているトラック運転手の会話からも三人の女性が売春を商売としていることが分かる。決して彼女たちは性奴隷ではない。

兵１＝おうい。いつから商売は始まるんだ。
兵２＝今夜からだってよお。・・・もらって俺が一番最初に突っ込むんだ。
兵１＝ちきしょう。
兵２＝話はちゃんとついている。
兵１＝(後続のトラックに乗っている慰安婦に向かって)おうい。俺とどうだい。
兵２＝駄目だ。俺の後だ。
兵１＝なんでもいいいや。よろしく頼むぞ。
　　兵１、２笑う。
慰安婦２＝野蛮だねえ。がつがつしている。
慰安婦１＝女に飢えているんだよ。天津に居るようなわけにはいかないさ。
慰安婦２＝ねえ、女の子はみんなで何人いるの。
楼主＝お前たち三人が来てくれて俺の所が七人。木村屋が六人。合わせて十三人
　だな。

　楼主とは遊郭で七、八人前後の売春婦をかこって経営している人間のことである。大陸でも民間人である楼主が慰安婦の金銭や生活を管理していた。
　楼主の説明でわかるように楼主は七、八名近くの売春婦を管理して、売春経営している人間である。彼は慰安婦の住まい、食事などの面倒と健康を管理してい

る。慰安婦の給料や借金の管理も楼主がやっていた。慰安婦と楼主は売り上げ収入を折半するのが普通のやり方であった。

楼主と慰安婦の会話から分かるように、慰安婦を直接管理していたのは日本軍ではなかった。楼主であった。このシステムは本土の吉原と同じである。憲兵が慰安婦の安全を管理していた。本土の警察の代わりである。彼女たちの健康は本土では医者が管理していたが大陸では軍医が管理していた。

同じトラックに乗っている兵士が楼主と慰安婦の会話を聞いて、

兵3＝十三人で一大隊を引き受けるんだから大したもんだ。あはははは。

慰安婦は兵士にそっぽを向く。


韓国の自称元慰安婦たちは警察や日本軍に捕らえられてトラックで強制連行されたと言っている。しかし、日本軍は仕事を分業化していて、慰安婦を集めるのは民間の斡旋業者に委託していた。日本軍はトラック隊が彼女たちを移送するだけであり、慰安婦の募集にタッチしていなかったし、慰安所の運営も民間の楼主がやっていた。

一部の日本兵が韓国の女性を強制的に集めても、日本兵がトラック隊に所属していなかったら女性を移送するトラックはなかった。トラック隊が女性を集めて連行するのは可能であるが、トラック隊は日本軍から指示された人や物資を運ぶだけであるから女性を集めて強制連行することはできなかった。

日本軍は分業が徹底されていた。例えば慰安婦を集めた業者は書類を作成してトラック隊に渡し、書類を受け取ったトラック隊はそれぞれの目的地まで慰安婦を運んだ。そして、書類を憲兵隊に渡した。

敵のいる広い大陸を民間人だけで移動するのは危険である。安全に移動するには日本軍のトラックが必要だった。そのことを映画でも如実に描いている。映画ではトラックを狙った砲弾が爆発する。敵に襲われる。激しい銃撃戦となり数名の兵士が倒れる。そこへ日本軍がやってきて襲撃集団を追い払う。

満州の前線ではトラック隊が襲われたことが何度もあったから映画でも描いたのである。この場面を見れば、慰安婦を日本軍のトラックで運ぶのは当然であることが分かる。満州では慰安婦だけでなく軍に関係のある民間人は日本軍が運んでいた。当然のことである。

敵の襲撃に衝撃を受けた慰安婦の一人は天津に帰ろうという。恋人に裏切られて自暴自棄になっている晴美（野川由美子）はむしろこの地で働くのを喜ぶ。慰安婦の会話から慰安婦は強制ではなく自由であることが分かる。

○日本軍は慰安婦の安全を守るために軍のトラックで運んでいたのであって、強制連行ではなかった。

日本軍が占領している街に到着した慰安婦と楼主は楼主の部屋に来る。楼主の部屋はミーティングできるように六、七人が座れる大きなテーブルがある。奥に楼主が寝るベッドがある。楼主と三人の慰安婦はミーティングを始める。慰安婦の一人が仕事の内容について質問する。楼主は仕事は明日からだと言い、時間割について説明する。

楼主＝一時から四時半までが兵隊。七時までが下士官。八時以降が将校だ。外出は中隊別になっているが、他に行く所がないから、大体ほとんどの兵隊が休みの時はここに来る。

慰安婦１＝千人居るから私一人で百人以上相手にするの。体が持つかな。

奥にすでに働いている慰安婦４が居る。

慰安婦４＝あたいたちをご覧よ。なんとか生きているし、けっこう好きな男も見つかるさ。

慰安婦１＝へえ、よくそんな暇があるもんだね。

慰安婦４＝気の持ちようひとつさ。いちいち気にしていたら体が持つものか。


「春婦傳」は慰安婦の辛さ、女性の人権軽視を描いた映画であり、日本軍や戦争を批判した映画である。そういう映画であるが、「春婦傳」は慰安婦が性奴隷ではなかったことをはっきりと描いている。


楼主が着替えをしている時に憲兵隊長が入ってくる。

三人が慰安所にやってくるのを書類をもらっていた彼はすでに知っていた。


憲兵隊長は三人の慰安婦が天津からやって来ていることを知っていた。彼女たちの書類がすでに憲兵隊長に渡っていたからである。憲兵隊長は三人に質問する。憲兵隊長は三人の慰安婦を調べるためにやってきたのだ。

このように憲兵は慰安所の慰安婦たちと顔を会わしている。憲兵は慰安婦を保護管理する義務があった。慰安婦同士のいがみ合い、日本兵とのトラブルを処理するのが憲兵である。


憲兵隊長＝新入りはお前たち三人か。天津から来たとあって垢抜けしているな。

楼主＝あ、隊長さん。どうぞどうぞ。憲兵隊の隊長さんだ。なにかとお世話になる方だ。かわいがってもらうようにしないといけないぞ。

慰安婦1＝どうぞ、よろすく。

憲兵隊長＝おい。お前東北だろう。

慰安婦1＝宮城県です。

憲兵隊長＝宮城県のどこだ。

慰安婦1＝くりごめです。

憲兵隊長＝くりごめか、俺はいちのさきだ。

慰安婦1＝んだばあ。ほんとすかー。

憲兵隊長＝なつかしいなあ。いちのせきとくりごめは隣組だよ。ゆっくり国の話をしなければな。

慰安婦1＝よろすくお願いします。

○　もし、十一歳や十四歳の少女が慰安所に入った場合、最初に憲兵に提出する書類でチェックされる。日本女性なら十八歳未満、韓国女性なら十七歳未満は慰安婦にはなれないから、慰安婦になれる年齢に達していない女性は書類で落とされることになる。

書類で年齢を偽っても、映画で描いているように憲兵による面通しがあるから年齢を誤魔化すことはできない。

慰安所に少女慰安婦が居るのは不可能である。韓国の自称元慰安婦が十一歳とか十五歳で慰安婦にさせられたと言っているが、慰安所の様子を知れば、そのことはあり得ないことが分かる。

少女慰安婦が慰安所に居るには、斡旋業者が書類を偽造し、輸送する兵士が黙認し、楼主、憲兵隊が黙認し、客になる将校も黙認しなければならない。つまり軍隊全体が黙認しなければならないのだ。それは不可能なことである。

規律違反は日本軍の恥と兵士は徹底して教えられている。一部の日本兵が少女に暴行を加えるような犯罪行為はあったとしても、軍隊全体で少女慰安婦を黙認することはあり得ないことである。

十七歳未満の少女が日本軍の慰安所で働くのは不可能であった。

楼主＝さあ、今日は休んで明日から働いてもらう。

慰安婦２＝何時からやるんです。
楼主＝午後一時からだ。

勤務時間を決め、兵士から将校まで位によって時間を分けていたのはすべての慰安所で実施されていた。楼主の説明は慰安所では当たり前のことだった。
映画では時間帯の説明であったが、他の資料ではもっと細かく、料金も明示している。

楼主の家の次は慰安婦たちが住んでいる建物の画面になる。慰安婦たちは彼女たちだけが住む住宅があった。

慰安婦Ａ＝おはよう。
慰安婦Ｂ＝何言うてんねん。
慰安婦Ｃ＝お日さん見てみい。頭のてっぺんだよ。
慰安婦Ａ＝晴美ちゃん。まだ寝ているの。
慰安婦Ｂ＝うん。
慰安婦Ｃ＝あの子、よう寝ているなあ。
慰安婦Ｄ＝うちら、布団見ただけで、げろが出そうになるわ。

慰安婦C＝あたいたちは体だけが元手だからね。体壊したら一巻の終わりだよ。

慰安婦A＝もう、一巻の終わりになっているよ。北の果てまで流れてきて、体を切り売りしてんだもん。

慰安婦B＝ゆんべ、副官が晴美ちゃんの所に来たらしいね。

慰安婦A＝例によって、べろんべろんに酔っちまってさ。先に入っていた倉持軍曹を追い出したんだって。

慰安婦B＝ふうん、そんなに偉いのかい、
慰安婦A＝地位をかさにかけて威張りくさってからに。

慰安婦D＝兵隊どもなんて私たちを人間扱いしないし、うちらをまるで猫や犬みたいにけっかる。

慰安婦A＝あんた、そんなこと言って、副官が来ると喜んでいたじゃない。

慰安婦D＝くやしいけどな。副官に抱かれるとな、もうあかん。なにもかも皆目分からんようになってくる。

○「春婦傳」は慰安婦の悲惨さを描いている映画である。日本軍を批判した映画である。

兵士たちの歌が聞こえる。

慰安婦1＝もう、こんな時間か。

兵士たちが慰安所に団体でやってくる。

兵士たちが次々と慰安所に押しかける。ぞっとするシーンである。その様は慰安婦残酷物語である。

慰安所の部屋はベッドがあるだけでなにもない。殺風景の部屋である。

明らかに性処理だけが目的の部屋である。

コトを終えた兵士がズボンをあげながら、
兵士＝お世話になりました。

と言って、出口に行くと、間髪を入れずに次の兵士が入ってくる。

　晴美は股を広げて動かない。兵士は、
兵士＝お世話になります。

と言いながらズボンを下ろし始める。
○　慰安婦は兵士のセックス処理でしかないことが如実に描かれている。慰安婦残酷物語である。しかし、彼女たちは性奴隷ではない。
晴美＝ああ、ちょっと、タバコ取って。

兵士＝はい。

晴美が好意を寄せている兵士が入ってくる。一瞬、喜ぶ晴美。しかし、彼は晴美が嫌っている副官の当番兵になっていた。

当番兵＝今夜、副官殿が入る。夜、客を取らないように。

晴美は怒る。

晴美＝あたし、副官の女じゃないよ。大きな口をきかないでくれと言ってくれよ。客を取ろうが取るまいがあたしの勝手だよ。あんた、副官の当番兵かい。

何もいわずに当番兵は出ていく。兵士が晴美のタバコに火をつける。

晴美はイライラする。

晴美＝あんた。あたしを汚いと思う。

兵士＝は。

晴美＝あたしが汚いかどうかを聞いているんだよ。

兵士＝汚くないであります。

晴美＝あたしを汚らしそうに見やがって。

これから晴美(野川由美子)と当番兵(川地民夫)の慰安所を舞台にした激しくもはかない恋愛ドラマが始まる。

戦時中の慰安所と慰安婦

慰安婦とは国内で雇用した公娼が国外に出て日本兵を相手に日本軍が許可した慰安所で商売をした女性のことである。日本兵を慰める婦人という意味で慰安婦と名付けたのだろう。芸で日本兵を慰める芸人集団を慰問団と呼んでいた。

公娼は政府が指定した遊郭でのみ商売をしていた。

第八条　娼妓稼は官庁の許可した貸座敷以外では仕事をしてはいけない。

日本軍が関わる限り国外でもこの法律を遵守しなければならなかった。日本軍が許可した貸座敷が慰安所である。慰安所は国内の遊郭であり国が管理する場所であった。慰安所は「娼妓取締規則」を遵守した場所であり、慰安婦は慰安所だけで仕事をした。慰安所以外での仕事は許されなかった。

慰安所の例

フィリピン駐屯軍の事例は表の通りである。(『従軍慰安婦資料集』韓国・書文堂)

日曜日・連帯本部、連帯直轄部隊

月曜日・第一大隊、第四野戦病院
火曜日　休日
水曜日・連帯本部、連帯直轄部隊、第三大隊
木曜日・第一大隊(ただし午前中は健康診断後にする)
金曜日・第二大隊、第四野戦病院
土曜日・第三大隊

フィリピン駐屯軍・南地区師営内特殊慰安所利用規則

兵士

	(朝鮮人・日本人)	(中国人)
三十分	一円五十銭	一円
一時間	二円	一円五十銭

下士官

	(朝鮮人・日本人)	(中国人)
三十分	一円五十銭	一円
一時間	二円五十銭	二円

将校及び准士官

(朝鮮人・日本人)　　(中国人)

一時間　三円　　　　　二円五十銭

徹夜利用(二十四時から)十円　　七円

徹夜利用(二十二時から)十五円　　十円

利用時間

兵士　　　　十時から十六時まで

下士官　　　十六時十分から十八時四十分まで

将校・准士官　十八時五十分以降

備考

軍属はそれぞれの身分によって所定料金を払う。

利用客は上記料金を超過する金額を慰安所経営者または慰安婦に支払ってはならない。

このように慰安所の規則があったのである。

慰安婦問題を捻じ曲げる沖縄タイムス・琉球新報

沖縄タイムス・琉球新報両紙で連載している「問われる自画像・歴史認識と日本」では慰安婦問題の巧妙な捻じ曲げを八月九日の「オランダ社会の無理解」でやっている。

聞き取りによると、第二次大戦中の一九四四年四月、十八歳のマーサはインドネシア中部ジャワ島のスマトランから日本軍に連行され千キロ以上離れたフロレス島で性行為を強要された。インドネシアは日本占領前、オランダの植民地だった。

「オランダ社会の無理解」

マーサのことは事実である。この事件は「白馬事件」といって、有名な事件である。

当時、慰安所設置を要請された幹部候補生隊長と慰安所業者は、慰安所には慰安婦になることを自分の意思で決めた女性だけを雇うようにというジャカルタの第一六軍司令部の命令を無視して、オランダ抑留所から十七歳から二十八歳の合計三十五人のオランダ人女性を強制的に集め、日本語で書いた慰安婦に同意する内容の趣旨書への署名を強制した後、スマランの四つの慰安所（将校倶楽部、スマラン倶楽部、日の丸倶楽部、青雲荘）に連行して、三月一日から営業を始めた。

もしこの事実だけであったなら慰安婦は性奴隷であったという証拠となる。しかし、この事件には続きがある。

自分の娘を連れ去られたオランダ人リーダーが、陸軍省俘虜部から抑留所視察に来た小田島董大佐に訴え、同大佐の勧告により一六軍司令部は、一九四四年四月末に四箇所の慰安所を閉鎖した。

慰安婦は公娼である。公娼は本人が同意することを前提としている。強制的に慰安婦にすることを日本軍は禁じていた。オランダ女性を強制的に慰安婦にしたことは法律違反だった。だから、一六軍司令部は二か月後に慰安所を閉鎖したのだ。「問われる自画像・歴史認識と日本」はこの事実を隠している。日本軍がオランダ女性を強制連行して慰安婦にしたことだけを書いている。

沖縄二紙を読んだ人は日本軍がオランダ女性を性奴隷にしたと思うだろう。沖縄二紙はその効果を狙っているのだ。新聞のマインドコントロールである。

私はコンビニで売れ残った新聞を切り取ってコピーし、それを読みながらブログを書いている。だから、私のブログは一日遅れの新聞記事を参考に書いている。一昨日はタイムス・新報の両紙が売り切れていたので「問われる自画像・歴史認識と日本」の「オランダ社会の無理解」をコピーすることができなくて、ブログを書くのをあきらめていた。ところが写真家の石川真央さんのブロクにコピーを掲載していたので、ブログを書くことができた。

石川真央さんは「オランダ社会の無理解」の内容を信じ、日本軍や安倍首相、橋本市長に怒ったからブログに掲載した。石川真央さんは沖縄二紙の狙い通りマインドコントロールされたのだ。彼女のように多くの読者がマインドコントロールされただろう。

沖縄新聞二紙の慰安婦でっちあげ

沖縄タイムスと琉球新報の二紙で「問われる自画像・歴史認識と日本」のコラムを同時連載している。

八月九日掲載の「再び傷つけられた」の記事はひどい内容である。

中国の農村に住んでいた李秀梅(八十六)さんは一九四二年の十五歳の時、山西省に進駐してきた日本軍に自宅から連れ去られて監禁され、毎日のように性暴行を加えられた。

約五カ月後に「死んだ方がましだ」と思い、抵抗を試みた相手が「赤ら顔の隊長」であった。隊長は怒って革ベルトで顔を殴った上、左の太ももを長靴で蹴り上げ、頭もこん棒で殴りつけた。李さんは大けがを負って意識を失い、自宅に搬送された。娘の不幸を悲観した母親の自殺を知った。

東京高裁は二〇〇四年十二月に、日本軍兵士による「拉致」「連行」「監禁」「約五カ月間繰り返された性的暴行」の被害事実は認定したが、李さんの請求は棄却した。


「再び傷つけられた」


残虐非道な隊長である。許されざる行為である。しかし、李さんの問題は慰安婦の問題ではない。李さんは一部の残虐非道な日本兵に拉致監禁され性的暴行を受けた。これは戦争中の犯罪行為である。

「問われる自画像・歴史認識と日本」の今回の見出しは「首相発言『慰安婦』憤る」であり、李さんを慰安婦扱いしている。李さんは慰安婦ではない。慰安婦とは国が公認した売春婦のことであり、農村に住む普通の少女であった李さんは慰安婦ではない。農村の少女が悪質な日本兵に拉致され性的暴行を受けたのが李さんの事件である。李さんは戦争被害者である。

日本が大陸に侵略した時、日本兵を追って多くの売春婦も大陸に渡った。日本軍が一番恐れたのは規制のない売春を許すと性病が蔓延して兵士の戦闘意欲を低下させることであった。そのために政府は日本国内の公娼制度を日本軍が制圧した大陸でも適用したのである。
○　売春婦は十七歳以上であること（大陸では朝鮮の事情に合わせて一歳低くし

た）。

○　親の許可が必要であること。

○　定期的に性病検査をすること。

○　政府が指定した場所でのみ商売をすること。

○　自分の意思で慰安婦になること。

など、慰安婦制度は厳しい規制があった。

慰安婦というのは大陸に渡って日本兵相手に商売をした公娼のことである。私娼は慰安婦ではない。公娼は国内と同じ法律が適用されるから、民間の医師がいない大陸では定期的に軍医の性病検査を受けなければならなかったし、軍が指定した慰安所でのみ商売をした。慰安所というのは国内の吉原と同じで、売春宿を民間から隔離する目的で造られたのである。このことは慰安婦について調べれば簡単にわかることである。慰安婦についてコラムを書く人間であれば慰安婦が公娼であることは知っているはずであり、李さんのように拉致された女性は慰安婦ではないことも知っているはずである。ところが「問われる自画像・歴史認識と日本」は李さんを故意に慰安婦にしているのだ。李さんを慰安婦にでっち上げることによって慰安婦が性奴隷であったというイメージをつくりあげている。

李さんと同じように満州でロシア兵に拉致監禁され連日性的暴行を受けた一七○名余の日本女性がいた。女性たちは性的暴行を止めるように訴えたがロシア兵は聞き入れなかった。ロシア兵のひどい性的暴行に抗議して二十三人の日本女性は集団自決した。

彼女たちも慰安婦というのか。ロシア兵の慰安婦にされた日本女性というのか。慰安婦二十三人の集団自決というのか。そうではない。彼女たちは慰安婦ではない。彼女たちは一般女性だ。一般女性の痛ましい戦争被害だ。

女性の人権を訴えている世界的女優アンジェリーナ・ジョリーさんは「戦争は人間を変える」といい、現在、内戦などの戦場で婦女暴行が横行しているのを批判し、エジプトの一〇〇万人規模の反大統領デモの時も婦女暴行が多数発生したことを問題にしている。李さんの日本兵による拉致監禁暴行は今でも発生している戦場における女性の性被害の問題である。慰安婦問題ではない。「問われる自画像・歴史認識と日本」は慰安婦問題を捻じ曲げている。

「問われる自画像・歴史認識と日本」の文章の後半には、

李は、従軍慰安婦について「当時は必要だった」と発言した橋下氏を「でたらめだと非難。賠償請求訴訟は〇七年に最高裁が上告を棄却し敗訴が確定したが『自分』が死んでも日本政府への責任追及は子供たちが引き継ぐ」と断言した。

大原市内で入院中の元原告の万愛花(八十五)。中国で「右傾化」が強まる安倍首相について「歴史を正視していない」と批判し「だからこそ裁判を何度でも打たなければならない」と述べた。

「再び傷つけられた」

橋下徹大阪市長の従軍慰安婦発言には在オランダ日本大使館に「危険な発言」と抗議書簡を送った。「橋下氏の発言や、強制された慰安婦の存在を疑問視する安倍晋三首相の言葉は元慰安婦らを繰り返し傷つけています」と憤る。

「オランダ社会の無理解」

と、必ず橋下市長や安倍首相を非難する文章で締めくくっている。慰安婦問題ではないのに慰安婦問題のように扱い、それをネタにして安倍首相や橋本市長を非難しているのが沖縄タイムス・琉球新報が同時連載をしている「問われる自画像・歴史認識と日本」である。

慰安婦について調べていくと、慰安婦＝公娼であることがわかる。公娼は国の認可制であり公娼になるためには多くの規制がある。公娼になるには本人の自由意思で売春婦になることを条件にしている。白馬事件では捕虜女性に「日本語で書いた趣旨書への署名を強制した」から違反行為をしたことになる。強制連行されて売春を強要された彼女たちは慰安婦ではなく性被害者である。

戦場では三つのケースの性行為があった。

一　慰安婦を相手にした性行為。慰安婦＝公娼制度を遵守した売春婦。慰安所のみで行われた。

二　フリーな売春婦を相手にした性行為。フリーな売春婦＝政府の許可を得ていない売春婦。慰安所以外の売春宿で行われた。

三　一般女性の強制連行・監禁・強姦による性行為。

「問われる自画像・歴史認識と日本」は慰安婦問題を扱っているように見せながら実際は三のケースを扱っている。三は慰安婦ではない。一般女性の性被害である。「問われる自画像・歴史認識と日本」は慰安婦問題を捻じ曲げている。慰安婦問題に右系も左系もない。それなのに安倍首相や橋本市長の右傾化を非難している。慰安婦問題を政治利用している臭いがプンプンする。

慰安婦制度は兵士の強制連行・監禁・強姦を防ぐための制度であり、一般女性の性被害を防ぐための制度であった。

日本は慰安婦制度＝公娼制度を世界に公表するべきだ。公娼制度を遵守したのが慰安婦制度であり、公娼である慰安婦が「性奴隷」にされることはなかった。それが歴史的真実である。

本当の慰安婦問題とはなにか

本当の慰安婦問題とは、日本は「娼妓取締規則」、朝鮮は「貸座敷娼妓取締規則」を施行し売春を規制したことである。日本政府は売春を禁止はしなかったが規制をした。その規制の内容が本当の慰安婦問題である。

「娼妓取締規則」の条文のどこを探しても売春婦を「性奴隷」のように扱ってもいいという条文はない。むしろ逆である。売春婦が「性奴隷」のように扱われないように売春を職業として認め、売春婦を職業婦人としての人権を保護する制度になっているのが「娼妓取締規則」である。

売春が女性の人権を侵害していると慰安婦制度を批判することはできる。しかし、慰安婦制度によって性奴隷にされたという批判は間違っている。むしろ、慰安婦制度は強制連行・監禁・強姦を禁止し、女性を性奴隷から守っていた制度である。

「白馬事件」では日本兵がオランダ女性を本人の承諾なしに強引に慰安婦にしたので軍司令部は慰安所を閉鎖したのである。

「白馬事件」は日本兵の戦争犯罪であり、戦場における女性の性被害の問題だ。このような女性の性被害は日本軍だけでなくすべての国の軍隊で起きている。

慰安婦問題は公娼制度の問題であるから公娼制度に違反した「白馬事件」や性

奴隷は慰安婦問題の対象外だ。

慰安婦問題・・・政府が売春を管理・保護したことの問題。

白馬事件・性奴隷問題・・・戦場における強制連行・監禁・強姦・強制売春による女性の性被害の問題。

韓国の自称元慰安婦は性奴隷にされたことを問題にしているが、慰安婦制度は性奴隷を禁じていたのだから、本当は慰安婦問題ではない。自称元慰安婦の性奴隷問題は慰安婦制度を守らなかった強制連行・監禁・強姦。強制売春による戦争性被害の問題である。

少女慰安婦を問題にしているのは韓国だけである。法律では十七歳未満は慰安婦になれない。だから韓国が主張している少女慰安婦は本当は慰安婦ではなかった。慰安婦制度に違反している少女売春婦であった。米国にどんどん設置している像は少女慰安婦像ではない。違法な少女売春婦像である。韓国は「戦時中の朝鮮は違法な少女売春をさせました」と宣伝しているようなものである。少女売春婦像は韓国の恥ずべき像である。

慰安婦制度を正しく説明できるのがインドネシアの白馬事件（しろうまじけん）

やその他の事件である。

白馬事件は日本兵によってオランダ女性が強制売春をさせられた事件である。しかし、強制売春させることを日本政府は禁じていた。だから、軍司令部は慰安所を閉鎖した。日本軍の一部の兵士による強制連行、強制売春は違法であるが実際にインドネシアで起きた。インドネシアで起こったのだから他の地域でも起こった可能性はある。だから、日本兵による強制連行・強制売春がなかったと断言することはできない。しかし、それは慰安婦制度で禁じている行為である。

強制連行・強制売春を日本兵がやったことで戦争性被害者として日本軍や政府を非難することはできても、強制連行・強制売春を禁じていた慰安婦制度を非難することはできない。

日本は世界に娼妓取締規則を公表し、公娼制度＝慰安婦制度を理解させるべきだ。売春を認めた制度だから世界に公表するのは日本の恥だと思って公表しないのなら、世界が認識している慰安婦＝性奴隷の誤解を解くことはできない。

慰安婦制度を正確に説明することによって日本が日本兵による強姦・強制連行・性奴隷を禁じていたことを理解させることができる。

一九九四年のオランダ政府の報告書では、戦時中のインドネシアには各地の慰安所で働いていた二〇〇〜三〇〇人のオランダ人女性のうち少なくとも六十五人は絶対確実に強制売春の犠牲者だったとされている。ということは一三五〜二三五人は慰安婦として働くことを受け入れていたことになる。

インドネシアでは白馬事件以外にも日本軍による強制連行や憲兵隊による地位の濫用があったが、逆に軍の強引な「志願者」徴募に対し憲兵隊が介入して女性を守った事例も述べられている。法を遵守する者がほとんどであるが、違法行為をする者もいる。強制連行、強制売春、性奴隷は犯罪であった。犯罪行為をした日本兵が居たということである。

○合法行為

Å　公娼(慰安婦)による慰安所での売春行為

○違法行為

B　慰安所での強制売春

C　違法な売春婦による慰安所以外での売春行為

D　慰安所以外での強制売春(性奴隷)

米国や世界はÅのことを知らないのだ。多くの売春婦は公娼であり、日本軍が保護し、安全であった。Cのケースも多かっただろう。韓国の慰安婦問題として取り上げられているのはBでもない。Bは白馬事件のようにインドネシアで収容所に入っている十七歳以上のオランダ女性を強制的に慰安所に入れ売春させた。

米国や世界で慰安婦＝性奴隷として取り上げられているのはＤである。韓国の自称元慰安婦の中には十四歳で慰安婦にされたという女性がいる。韓国で慰安婦になれるのは十七歳以上であった。十四歳では違法な売春婦にはなれても慰安婦にはなれなかった。また挺身隊に入れるとだまされて慰安婦にさせられたという女性がいるが、慰安婦になるためには生年月日を明らかにし、親の承諾が必要であった。それに警察で慰安婦になるのを自分で認めなければならなかった。韓国の自称元慰安婦は十七歳未満で、騙されて慰安婦にさせられたと述べているから警察に行き慰安婦になりたいと言ったはずがない。彼女たちが慰安婦になれたはずがない。彼女たちは慰安婦ではない。違法売春婦だ。

日本側はもっと公娼制度を研究し慰安婦・売春婦について理論を深めるべきだ。日本兵による強制連行・強姦を否定したくらいでは世界の慰安婦＝性奴隷の認識を覆すことはできない。

米国は慰安婦が売春婦だから非難しているのではない。慰安婦を性奴隷と信じているから非難しているのだ。そう信じている米国が日本を非難するのは当然である。慰安婦＝性奴隷であると信じている米国の誤解を解く方法を考えなければならない。

「年齢制限をしている慰安婦制度では少女は慰安婦になれなかった。自称元少女慰安婦たちは違法である少女売春婦だった。戦時中の朝鮮は少女売春が横行していた。その証拠が少女慰安婦像である。少女慰安婦像は朝鮮で少女売春が蔓延していた証拠であり、少女慰安婦像は韓国の恥である」というような主張を世界に発信していくべきである。

日本の政治家で初めて慰安婦問題に正面からぶつかったのは橋下徹市長である。橋下市長はマスコミに叩かれ追い詰められているようにみえたが、実際は韓国の元慰安婦を操っている日本軍慰安婦問題関西ネットワークを追い詰めていた。関西ネットワークは橋下市長を追い詰めるために申し込んだ元慰安婦との面談を当日の朝になって中止した。関西ネットワークは敵前逃亡をしたのだ。

橋下市長のように政治家が慰安婦問題に真っ向からぶつからないと世界に広がっている慰安婦＝性奴隷を払しょくすることはできないだろう。慰安婦は性奴隷ではないし、フリーな売春婦でもない。慰安婦は政府が保護した政府保護売春婦であった。(government Protection prostitute)という英訳はどうだろうか。

慰安婦＝政府保護売春婦。

ｇｏｖｅｒｎｍｅｎｔ ｐｒｏｔｅｃｔｉｏｎ ｐｒｏｓｔｉｔｕｔｅ

とにかく、慰安婦＝性奴隷を覆す英語訳が早急に必要である。

日本兵相手の慰安婦と民間売春婦

○慰安婦は法律によって、職業婦人として人権は保障されていた。
日本「娼妓取締規則」一九〇〇年、韓国「貸座敷娼妓取締規則」一九一六年に立法化された法律を遵守した日本軍の慰安所で働いた売春婦が慰安婦である。

・日本軍が慰安婦の安全を保護した。
・慰安婦は楼主が雇い彼女たちの生活と経済を管理していた。
・日本兵などとのトラブルは憲兵隊が処理した。
・慰安婦は日本軍指定の慰安所のみで商売をした。
・慰安所は遊郭の大陸版である。
・性病予防のために週一回は軍医が検診をした。

日本軍が管理しない多くの売春婦も存在していた。
○民間売春婦　経営者　日本人・韓国人
　日本軍が保護しなかった売春婦。
法律が適用されない売春婦。

少女の違法売春。

誘拐した女性を売春婦にした。
●性奴隷も居た。
●少女性奴隷も居た。

米国は性奴隷の証拠を見つけることはできなかった

戦時中は慰安所と民間売春宿があったと考えるべきである。性奴隷や違法少女売春は慰安所ではなく民間の売春宿で行われていた。

暴力団や悪徳行者たちは女性や少女を騙したり、誘拐などをして売春宿に監禁状態にして売春をさせた。このようなケースは現在もあるのだから、戦時中の大陸では多くあっただろう。

慰安所で働く慰安婦が性奴隷だったのではなく、民間の売春宿で働いた売春婦が性奴隷にさせられたのだ。だから慰安婦が性奴隷だったという証拠資料はないあるはずがない。

報道によると、ナチス戦争犯罪や日本の戦争記録に関する省庁間作業部会（IWG）は、〇七年四月に米議会に提出した。日本軍が組織的に慰安所の運営に関わっていたとする最終報告書を作成、〇七年四月に米議会に提出した。

報告書には、クリントン政権で国家安全保障問題担当補佐官を務めたサミュエル・バーガー氏が、二〇〇〇年一二月に関係部署に公文書を送り、日本が一九三一年から四五年にかけて行った戦争犯罪の記録を予備調査するよう指示したと記されているという。

指示した内容は、主に強制労働や奴隷活動を含む戦争捕虜や民間人に対する日本軍の対応、民間人に対する迫害や残酷行為、７３１部隊のような細菌兵器の開発や使用、植民地女性に対する日本軍の組織的な性奴隷化、いわゆる「慰安婦プログラム」に関する資料の発掘であった。

ＩＷＧは予備調査の結果を基に、〇三年五月から本格的な資料の調査を開始したが、慰安婦＝性奴隷に関する資料はあまり見つからなかった。植民地の女性と少女を拉致したと告発する一部の文書は見つかった。

報告書は「第２次世界大戦当時、日本軍が性奴隷または慰安婦を運営した事実は、大きな関心が集まる重要な問題だが、米国政府は戦争中や戦後に組織的に関連資料を収集したり発掘しなかった」と指摘した。

「米国政府は戦争中や戦後に組織的に関連資料を収集したり発掘しなかった」というのは嘘である。米国は日本軍慰安婦については詳しく調べている。韓国慰安婦の性格や彼女たちがなにを考えていたのかまで詳しく調べている。

それなのに米国は本格的な資料の調査で慰安婦に関する資料を見つけることができなかったと発表している。資料を見つけることができなかったと言いながらも、慰安婦は「日本の組織的な性奴隷プログラムだった」と結論付けている。米政府は性奴隷の証拠資料はないのに慰安婦は性奴隷であったと決めつけた。それは明らかなでっち上げだ。

米国は韓国の宣伝に乗せられて慰安婦が性奴隷であると結論づけていたのだ。慰安婦が性奴隷であるという根拠が米政府になかったことが明らかになった。

川田文子の性奴隷掲載は沖縄タイムスの自爆行為

沖縄タイムスは「日本軍『慰安婦』問題の今—迷走する政治」という題名で慰安婦問題に詳しい5氏に寄稿を依頼した。第一回に登場したのがジャーナリスト川田文子氏である。川田氏は慰安婦は性奴隷であると主張し、慰安婦は売春婦ではなく、慰安婦を売春婦というのはセカンドレイプだと述べている。

ところがである。沖縄タイムスは慰安婦が売春婦であったことを四カ月前に掲載していた。

沖縄タイムスは2014年5月に「旧軍文書に『慰安所』」というタイトルの記事を掲載している。見出しは「宮古での存在裏付け」「軍法判決書類林教授ら入手軍の食料売り通う」である。

被告人の衛生兵は宮古島陸軍病院で炊事喜納勤務に従事。45年8月中旬には軍から馬肉約40キロを預かって病院へ戻る途中、民家で2斤(約1・2キロ)を20円で売却し、慰安所へ行った—などと複数回の犯行が記されている。

旧軍文書に「慰安所」

宮古での存在裏付け

軍法判決書類 林教授ら入手 軍の食料売り通う

刻む戦世

名護市長、公聴会を要望

資料は厚労省所蔵の、１９４５年１１月２０日の軍法会議判決を記した書類で、提出した第２８師団司令部と受け取った法務局の印が押された公文書だから信頼性は非常に高い。「２０円で売却し、慰安所へ行った」という記録は、慰安婦は売春婦であったという動かぬ証拠である。宮古島の慰安婦が朝鮮の女性であったことははっきりしている。

沖縄タイムスはこのような記事を掲載していながら、「日本軍『慰安婦』問題のいま―迷走する政治」のコラムで慰安婦は性奴隷であったと主張しているジャーナリスト川田文子氏の文章を掲載しているのである。
川田氏の慰安婦は性奴隷であったという主張を４カ月前のタイムスの記事が否定しているのだ。それも信頼性の高い公文書の記録でだ。
川田氏は「慰安婦は公娼」「慰安婦は売春婦」論が９０年代から広まり、日本では「娼妓取締規則」、朝鮮では「貸座敷引手茶屋営業取締規則」があったことを認めている。慰安婦は性奴隷ではなかったという証拠が次々と提示されていったことに川田氏が追い詰められているのを文章からも感じられる。

一人一人が勇気を振り絞って名乗り出、過酷な経験を身を切る思いで証言した。その痛恨の思いを誹謗する人権感覚の鈍い政治家や学者、文化人らが「慰安婦」の「証言は曖昧・うそ」、「慰安婦は売春婦」とセカンドレイプする。

「沖縄タイムス」

「慰安婦」の証言を曖昧・嘘と批判されれば、曖昧ではない証拠資料を提示して、「慰安婦」の証言が嘘ではないと反論すればいい。ところが川田氏はそのようなことをしないで「セカンドレイプ」という言葉で逃げている。それは反論ではない。「慰安婦の証言」への批判を他人は一切するなと言っているのである。慰安婦論争から逃げているのである。
逃げているから、慰安婦が売春婦だった資料を川田氏は無視するのである。無視することによって慰安婦は性奴隷であったと主張しているのである。

川田氏の「慰安婦は性奴隷であった」の論にいちいち反論する必要はない。沖縄タイムスが五月に掲載した「旧軍文書に『慰安所』」の記事を見せるだけで充分である。

沖縄タイムスの掲載した「旧軍文書に『慰安所』」は裁判記録であり資料として一級である。川田氏の慰安婦の聞き取り資料より数段も信頼性が高い。「旧軍文書」は慰安婦が売春婦であった動かぬ証拠であり、川田文子氏の「慰安婦は性奴隷」の論を一刀両断している。

なにをあせったのか知らないが、自分で自分の体を切りつけた沖縄タイムスである。

沖縄タイムスの「日本軍『慰安婦』問題のいま」第一回に登場した川田文子氏は慰安婦は性奴隷であったと主張し、元慰安婦を売春婦というのは彼女たちをセカンドレイプしていると主張している。そして、セカンドレイプしていると主張することによって慰安婦は売春婦であったとする主張への反論から逃げている。彼女は反論をしているのではない。反論をしないで慰安婦論から逃げているのである。

宮城晴美氏は慰安婦は性奴隷ではなかったと述べている

慰安婦は売春婦だったと主張することは性奴隷の否定であり、川田文子氏や韓国、米国、国連に反論することになる。ところが宮城晴美氏は川田文子氏と同じ主張をしているつもりが、沖縄の慰安婦は売春婦であったことを証明してしまっている。宮城氏は川田氏と同じ主張をしている積もりだろうが、慰安婦は売春婦だったと主張している宮城氏は川田氏の性奴隷主張を否定していることになる。

ここでいう「慰安」とは、男性にとっての心身の快楽を意味するものである。しかし、女性にとってそれがいかに屈辱的であったか、そのために前回の川田文子さん同様、「慰安婦」とカギカッコ付きで表記していることをまずお断りしたい。

「日本軍『慰安婦』問題のいま」宮城晴美

宮城氏は性奴隷ではなく、一般的な売春婦を「慰安婦」として解釈している。

家父長制度の下で「淑女」と「娼婦」に二分された女性たちは男性の都合によって「使途」が分けられた。男たちは「淑女」を妻として迎え自分の「家」を継承するために「貞操」を誓わせた。そして、遊興や快楽のために、生活苦にあえぐ家庭の犠牲となった「娼婦」(公娼)を買春した。

さらに戦場で、ストレス解消などのために、軍当局から男たちに与えられたのが「甘言、強圧による等、本人たちの意思に反して集められた」(河野談話)「慰安婦」だった。

その女性たちのことを安倍首相や橋本市長らは「公娼制度で働いていた」とのたまい、彼女たちの証言を否定し日本軍の行為を正当化し続けているのである。

「日本軍『慰安婦』問題のいま」宮城晴美

安倍首相や橋本市長が慰安婦は公娼として売春をしていたと発言したとは記憶にないが、そのことを置いといて、宮城氏は慰安婦が性奴隷であったという説明ではなく、慰安婦は強制的に売春婦にされた女性だと説明している。

そして、沖縄の慰安所で働いていた慰安婦は売春婦であったことを宮城氏は証明している。

また、軍による慰安所建設や民家の接収・改築、「慰安婦」を利用する際の時間帯や料金など、軍主導の慰安所の運営に関する日本軍の「陣中日誌」も数多く残されていると「日本軍『慰安婦』問題のいま」で説明している。

宮城氏は慰安所ではちゃんと「料金」を払ったことを明言しているのだ。「料金」を払ったということは慰安婦が性奴隷ではなくて売春婦であったという動かぬ証拠である。宮城氏は「陣中日誌」が数多く残っているとも述べている。慰安婦は売春婦であった証拠が数多くあると宮城氏は述べているのである。

宮城氏は軍隊や戦争による女性の犠牲を問題にしているのであり、慰安婦が性奴隷であったとは述べていない。慰安婦は戦場における売春婦であったと説明しているのだ。つまり、宮城氏は慰安婦は性奴隷ではなかったと述べているのだ。川田文子氏と反対のことを述べている。

沖縄タイムスは慰安婦は性奴隷であったと宮城氏に述べてほしかったが、沖縄タイムスの期待を裏切って宮城氏は慰安婦は性奴隷ではなく売春婦であったと述べている。

宮城氏の説明からも分かるように慰安婦は性奴隷ではなかった。沖縄の慰安婦を調査すればするほど慰安婦が売春婦であった事実が判明してくる。

朝鮮の公娼制度ができるまで

一九〇五年の日露戦争の勝利以来、日本が朝鮮を保護国としていたが、朝鮮では日本の売春業者が増加していった。

一九〇六年に統監府が置かれ、制度が整備されるとともに朝鮮人業者も増加した。その頃の朝鮮は売春を規制する法律はなく、朝鮮の売春は無法状態であり、誰でもどこでも売春が自由に行われていた。

急激に増える売春業に対して一九〇八年、警視庁は妓生取締令・娼妓取締令を出し、朝鮮の伝統的な売春業である妓生を許可制にした。公娼制度の第一弾である。

日本は朝鮮を合併したが、日本が管理支配するようになって初めて売春を法律で規制するようになったのである。一九一〇年に日韓併合をし、朝鮮にも正式に公娼制度を導入した。

しかし、日本と朝鮮では適用する法令が異なっていた。また領事館令・理事庁令の施行地域が行政区域と一致しないことがあり、運用するにあたってきわめて煩雑で不便であった。そのために日本人と朝鮮人の両方に平等に適用する法律を一九一六年三月三十一日に公布した。それが「貸座敷娼妓取締規則」である。その後は朝鮮全土で統一的に実施された。
と同時に、
警務総監部令
第一号「宿屋営業取締規則」、
第二号「料理屋飲食店営業取締規則」
第三号「芸妓酌婦芸妓置屋営業取締規則」
も公布された。
日本は「娼妓取締規則」だけでよかったが、朝鮮は宿屋や料理屋で売春が行われていて、酌婦芸妓も売春を行っていた。それらを規制する必要があったのだ。
朝鮮は日本軍に支配され、荒れ果てていたようにイメージしてしまうが、当時の朝鮮は日本流の法治社会であり、犯罪を取り締まる平穏な社会であった。決して戦争状態でもなければ無法地帯でもなかった。
満州も戦争末期にロシア軍に攻撃されるまでは平穏であった。

戦時中は、日本本土では「娼妓取締規則」朝鮮は「貸座敷娼妓取締規則」という法律があり、その法律を遵守した女性のみが国が認める売春婦＝公娼になれた。法律に違反した女性は違法売春婦であり警察が取り締まった。
「娼妓取締規則」「貸座敷娼妓取締規則」は国内法である。慰安婦は中国やフィリピン、インドネシアなど外国で働くことになるが、募集するのは朝鮮内であるから国内法が適用されることになる。

朝鮮の慰安婦は国内で十七歳以上であること、自分の自由意志で慰安婦に志願すること、戸主の承諾を得ることなど「貸座敷娼妓取締規則」を遵守して初めて慰安婦になることが許可される。そして、慰安婦斡旋業者によって目的地に移動するのである。

このように慰安婦になるかどうかは朝鮮内で決まることであり、戦場で慰安婦にされるようなことはなかった。慰安婦になることを決め、朝鮮の警察に書類を出さなければならないのだから騙されて満州に連れて行かれ慰安婦にさせられたというのはあり得ないことである。

騙されて違法な売春宿で働かされた女性が慰安婦を名乗っている可能性が高い。彼女は慰安婦ではない。違法な売春婦である。

朝鮮の貸座敷娼妓取締規則には公娼は十七歳以上であること、本人が同意すること。未成年者は親の承諾が必要であること、住居も国が指定した場所にすることと等々の規則があった。公娼制度には厳しい規則があったのである。

日本女性なら「娼妓取締規則」に違反している女性、朝鮮女性なら「貸座敷娼妓取締規則」に違反している女性は公娼ではない。慰安婦は日本兵を相手にする公娼のことである。だから、公娼ではない売春婦は慰安婦ではない。違法な売春婦である。

三十五人のオランダ女性を強制連行して慰安所に入れた「白馬事件」でも分かるように、慰安所に入るには、年齢が十七歳以上であり、本人の自由意思で入所したことを確認できる趣意書に署名しなければならなかった。十七歳未満の少女は慰安婦にはなれなかった。

米カリフォルニア州ロサンゼルス近郊のグレンデール市の公園で三十日、いわゆる従軍慰安婦を象徴する少女像の除幕式が行われた。米国ではこれまでにニューヨーク、ニュージャージー両州でも記念碑が設置されている。

少女像はソウルの日本大使館前にあるものと同じ。韓国系団体「カリフォルニア韓米フォーラム」などが設置を働きかけ、グレンデール市議会が七月九日に認めていた。除幕式には多数の韓国系住民らが参加し、日本政府に謝罪などを求めた。

WEBより転載

韓国は少女慰安婦像の設置運動を米国で展開しているが、慰安婦制度では十七歳未満の少女が慰安婦になることを禁じていた。慰安婦になるためには親の承諾書と十七歳以上であることを証明しなければならない。

「白馬事件」では十七歳以上の女性を集めている。慰安所に入るには年齢、名前、出身地を登録しなければならない。慰安婦の書類は日本軍が管理していたからごまかしはできなかった。

韓国の元慰安婦たちの証言には慰安所に入る時に本当は十四歳なのに十七歳と偽ってサインしたという話は出てこない。十一歳なのに慰安婦にさせられた女性もいる。十一歳の少女が十七歳と偽ることは不可能であり慰安所に入ることはできなかったはずである。

現在は米国も日本も売春禁止法が施行されていて売春は禁止されている。それでは米国や日本で売春は行われていないかというとそうではない。米国でも日本でも売春は行われている。大きな売春組織が何度も摘発されている。沖縄でも売春宿は存在している。売春禁止法があるからといって売春がなくなったわけではない。

戦時中は「娼妓取締規則」「貸座敷娼妓取締規則」があり、私娼は禁止されていた。私娼は取り締まりの対象であった。しかし、売春禁止法が施行されているにも関わらず売春が絶えないのと同じように戦時中は私娼は禁止されていても多くの私娼が存在していた。多くの違法売春婦がいたし、少女売春婦もいた。

朝鮮では十七歳未満の少女は慰安婦になれなかった。それなのに当時十七歳未満だった女性が慰安婦にされたと主張している。彼女は慰安婦ではなかった。違法な少女売春婦であった。そうとしか考えられない。日本にもインドネシアにも十七歳未満の慰安婦はいない。朝鮮だけである。日本軍が朝鮮だけ特別に十七歳未満の少女を慰安婦として許可したのはあり得ないことである。彼女が違法な少女売春婦であったという以外には考えられない。彼女を売春婦にしたのは日本軍ではない。朝鮮社会である。

慰安婦制度は売春婦を性奴隷から守るためにあった。慰安婦が性奴隷にされたというのはあり得ないことである。性奴隷にされたという自称元慰安婦たちは違法な売春婦であったがゆえに悪いブローカーに性奴隷にさせられた。少女売春婦も悪いブローカーに騙されて性奴隷にされたのである。

彼女たちの問題は慰安婦問題ではない。戦争の性被害の問題である。

十七歳未満の少女は慰安婦にはなれない。日本軍の慰安所にも入れない。十四歳や十一歳で慰安婦させられたというのはあり得ないことである。彼女たちは違法な少女売春婦にさせられていたのだ。

韓国での慰安婦募集広告である。

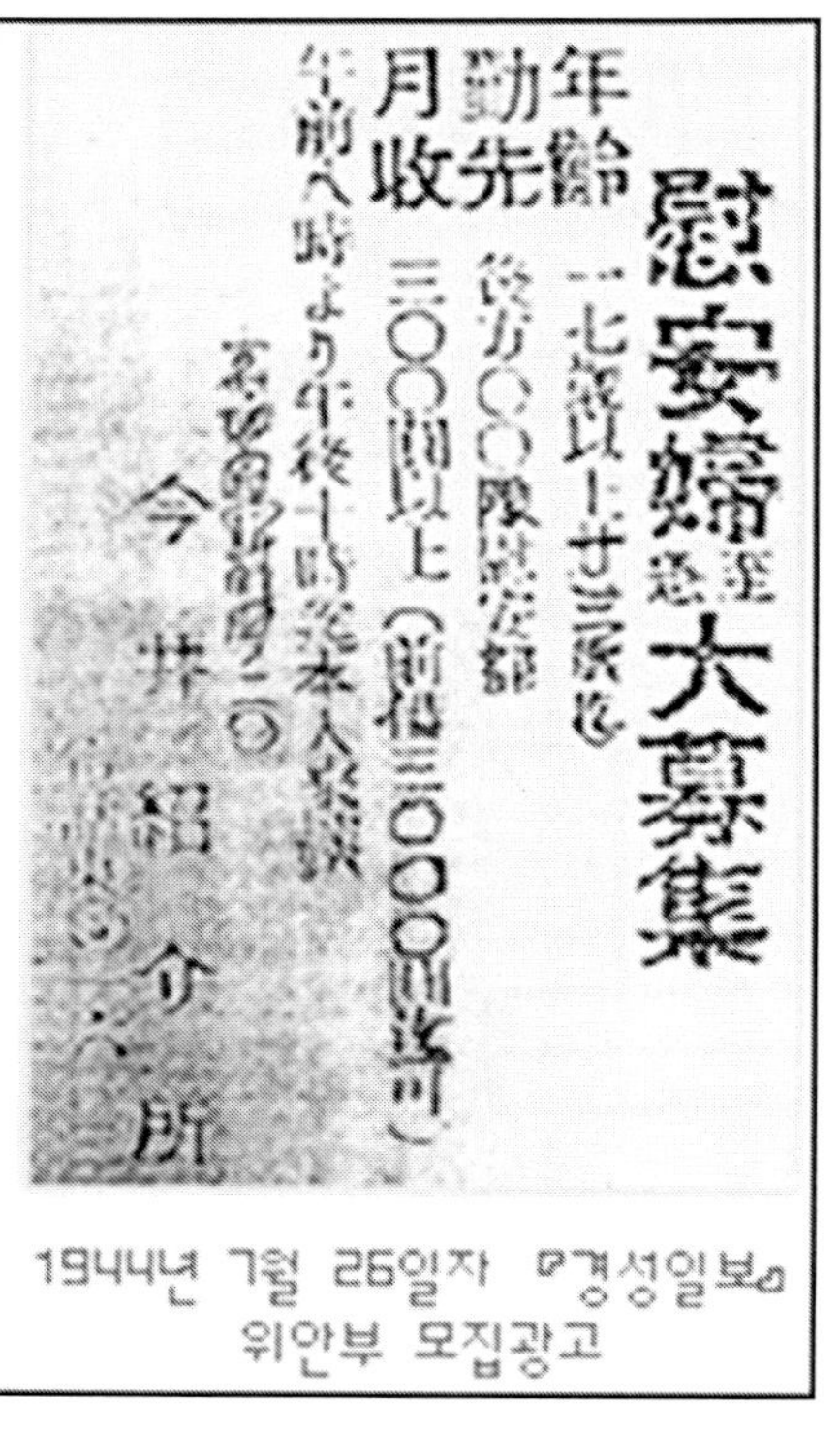

1944년 7월 26일자 『경성일보』
위안부 모집광고

年齢は十七歳以上と明記している。慰安婦募集は公募であり、年齢明記は日本軍の指示によるものである。慰安婦は十七歳以上でなければならなかった証拠である。

『軍』慰安婦急募

一、行先 ○○部隊慰安所
一、應募資格 年齡十八歲以上三十歲以內身體強健한者
一、募集期日 十月二十七日부터十一月八日까지

1944년 10월 27일자 『매일신보』
위안부 모집광고

金福童さんが十四歳で慰安婦にさせられたというのは嘘である。

慰安婦が性奴隷でなかったのは確実である。　慰安婦が性奴隷であったという証拠は韓国の元慰安婦たちの証言だけである。

○　韓国で「帝国の慰安婦」出版。

○　米軍慰安婦の一二二人が性奴隷だったと集団訴訟。
○　米政府には慰安婦が売春婦だった資料はあるが、性奴隷だった資料がない。
○　韓国も慰安婦が性奴隷だった資料はない。自称元慰安婦たちの検証されていない嘘の証言だけである。

日本軍慰安婦は性奴隷ではなかった。
韓国の米軍慰安婦は性奴隷だった。
韓国で逆転が起ころうとしている。

韓国は少女慰安婦像を米国で設立している。しかし、少女慰安婦は存在しなかった。彼女たちは少女慰安婦ではなく違法少女売春婦であった。民間の朝鮮人が少女を甘言で騙したり、誘拐して違法売春宿で働かしたのである。

日本を非難する目的の少女慰安像であるが、やがて韓国の恥の少女売春婦像になるだろう。

朝鮮社会の深刻な違法行為の蔓延

韓国や国連で問題になっているのは慰安婦が性奴隷であったことである。慰安婦は英語ではセックススレイブ（性奴隷）と言い、プロスティテュートゥ（売春婦）とは呼ばない。

慰安婦の移動、安全と健康の管理、そして、必要人数は現地の日本軍が管理していた。慰安婦の生活と経済は楼主が管理していた。しかし、韓国の自称元慰安婦は性奴隷にされたと主張している。国連も性奴隷であったと断定し、世界は慰安婦は性奴隷だったと信じている。しかし、それは間違っている。

一九四二年五月上旬、日本の斡旋業者（エージェント）たちが、日本が新たに勝ち取った東南アジアの属領で、「慰安役務・慰安奉仕をさせる朝鮮人女性を募集する広告では、７７ページの広告でわかるように、

慰安婦　至急大募集　（今井紹介所）
新聞「京城日報（キョンソンイルボ）」　一九四四年七月二十六日
慰安婦　至急　大募集・・給料は月収最低３００円、３０００円まで前借可能。

年齢は十七歳以上

と銘記している。

新聞に公告を出して慰安婦を募集したのである。ポスターには「慰安婦」とはっきり書いてある。騙して慰安婦にすることは日本軍が禁じていた証拠である。

十四歳や十一歳で慰安婦にされたと主張する韓国の自称元慰安婦がいるが、ポスターを見る限り十七歳未満の彼女たちが慰安婦に採用された可能性はない。慰安婦を斡旋する業者は日本軍が指定した業者だけであり、書類を警察や軍に提出しなければならなかったから法律違反である十七歳未満の少女を慰安婦にすることはなかった。

三食食事付きの家政婦の月収が約十三円の時代である。月収三〇〇円とは当時の激しい労働をしていた男性でも稼げない金額であった。女性の工場労働者が月収二十〜五十円くらいしか稼ぐことが出来ない時代であり、学歴の無い女性が「京城紡績」で働き始めても、馴れるまでは月収二十円以上は稼げなかった。月収三〇〇円がどんなに高給取りであったかが分かる。慰安婦が日本兵相手の売春であると知っていても応募に殺到したことは容易に想像できる。

慰安婦は外地での日本兵相手の売春であるのは日本本土では周知のことであっ

たが、日本政府は朝鮮でも「慰安婦」として雇用するように業者に命じていた。これは韓国併合によって韓国を日本の一部として考えていた日本政府が朝鮮でも日本と同じように「慰安婦」の字を使った。

しかし、朝鮮ではまだ「慰安婦」は周知されていなかった。だから慰安婦が日本兵相手の売春とは知らないで応募してきた朝鮮女性も居ただろう。

慰安婦斡旋業者の中には「慰安婦」を知らない朝鮮女性には慰安婦は、病院で負傷兵の世話をしたり、兵士を喜ばせるような仕事であると説明し、報酬の高さ、家族の負債返済の好機、楽な仕事であるといって勧誘する者も居ただろう。

慰安婦になるには本人の同意が必要であった。同意の書類にサインさせるために斡旋業者は甘言を弄したのである。虚の説明を信じた女性も居ただろうが、高給の裏には何かがあると思い、売春を予想していた女性が多かっただろう。

多くの女性が慰安婦の海外任務に応募し、数百円の前借金を受け取った。

挺身隊に入れるとだまされて慰安所に連れて行かれたという自称元慰安婦がいるが、斡旋業者はポスターのように慰安婦を堂々と募集している。

慰安婦になるには慰安婦になることに同意する署名が必要である。朝鮮内で警察に書類を提出しなければならない。挺身隊を口実に集めたら慰安婦になることの同意書をつくることはできない。挺身隊を口実に慰安婦を集めることはできなかった。

自称元慰安婦が挺身隊に入れる約束だったのに現地で慰安婦にされたという話をしているがそういうのはあり得ないことである。彼女たちは日本軍が依頼した斡旋業者ではなく、韓国の悪質なブローカーに挺身隊に入れるとだまされて違法な売春婦にさせられたのだ。

法律を知らない彼女たちは日本兵相手の売春婦すべてが慰安婦であると錯覚している。日本兵を相手にした売春婦全てが慰安婦であるのではなかった。書類を警察に提出し、慰安所で売春をしている女性だけが慰安婦であった。そのことを知らないから自分たちは元慰安婦だと名乗っているのだ。自称元慰安婦のほとんどの女性は慰安婦ではなく違法売春婦であった。

朝鮮で集められた女性は日本軍による規制と、慰安所の楼主(管理人)に拘束される。女性たちは前金の額に応じて契約期間は六ヵ月から一年間であった。

契約期間を限定したのは、政府が慰安婦は奴隷ではないと世界にアピールするためであっただろう。日本政府が慰安婦を奴隷に見做されないために神経を使っている様子が窺える。

戦時中の朝鮮は法治社会であり、法律に違反する誘拐、人身売買は警察が逮捕し裁判で裁いた。「貸座敷娼妓取締規則」に違反する売春も取り締まった。

婦女誘拐の一味　ついに送局さる　元釜山府臨時雇らの首魁

官印偽造、公文書を偽造し多数の婦女子を誘拐した元釜山府庁臨時雇釜山府大倉町四丁目五十九番地金東潤(二十七年)ほか七十七名に係る公印偽造、公文書偽造行使詐欺誘拐事件は釜山署で取り調べ中のところ今回取り調べ終了。二十日一件記録とともに身柄を送局したが拘束者は金東潤ほか九名、基礎意見十一名、起訴猶予五名、起訴中止六名、不起訴五十五名である。

「大阪朝日・南鮮版」慰安婦の真実

このように誘拐や騙して娼婦にすることは犯罪であり警察によって摘発されている。

貴婦人装ふ誘拐魔

男女四名を手下に使ひ

全鮮から小娘廿八名を誘拐

一家総掛りで

農村の娘を誘拐

十二名監禁中を逮捕

「強制連行」は犯罪だったのだ。「強制連行」をしたのは朝鮮の民間人だった。朝鮮人婦女子を拉致・誘拐・売買していたのは朝鮮人だった証拠となる新聞記事である。

誘拐犯罪の溫床 周旋業者にメス
京城で一齊調査行ふ

最近相ついで摘發された[illegible]府内の誘拐事件に[illegible]なショックを受けた各署では婦人[illegible]周旋業者を犯罪の巣と睨んで、それらの[illegible]を[illegible]徹底的のメスを加へてゐるが、一部の[illegible]な業者ややもすれば[illegible]な[illegible]から犯罪と知りつゝ人身賣買の仲介を行ふ傾向があるので、府内の周旋業者に出頭を求め營業狀態を聽取し、府内各署は各婦人周旋業者を調べてゐる

警察部當局では業者の自粛を要求するとともに[illegible]を強化して今後のこの種の營業申請に對しては許可せず、いかゞはしいものには對しては營業停止の處分をもつて臨むことゝなつた

右につき[illegible]部長は語る

人事に關する商賣なので種々[illegible]に事が運ばれる場合が多く、從つて犯罪も多いのだが、常に婦人の一身上の問題なので、われわれとしても手を付け難い場合が多い、一面[illegible]に寄與するから營業を許可してくれといふのが理由だが、これから見ても如何にぼろい商賣かといふことも分る、この點だから惡いのも無いのも徹底的に洗つて見るわけだ

農村の娘に毒牙
巧みに誘拐しては賣飛ばす
恐るべき全貌判明

[illegible]

田舎娘など
十四名も誘拐
一味送局さる

京城府蓬莱町四丁目無職裵長彦（[illegible]）ほか十一名は共謀して田舎の生活苦に喘ぐ家庭の娘、あるひは出戻り女など十四名を誘拐して酌婦あるひは娼妓などに賣飛ばして約一萬餘圓をせしめてゐた事件は西大門署で取調べてゐたが、二十九日一件書類とともに送局した

このように誘拐は犯罪であり警察は逮捕した。しかし、逮捕されないで、誘拐した多くの少女を売春宿に売り飛ばした業者も居ただろう。売られた彼女たちの多くは売春宿で性奴隷にさせられた。

日本軍が依頼した斡旋業者がこのように誘拐された女性を慰安婦にしたことはなかっただろう。慰安婦になるには警察に行き同意の書類を提出しなければなら

なかったからだ。誘拐された少女が警察に行き、同意するとは考えられない。

朝鮮は日韓併合後に施行された「貸座敷娼妓取締規則」を守らない社会であった。法律を無視する朝鮮人が多く、そんな社会が性奴隷、違法少女売春婦を生み出していったといっても過言ではない。

ミッチーナの慰安婦・斡旋業者の年齢・出身地・人柄

米国戦争情報局心理作戦班報告によるビルマのミッチーナに配属された朝鮮慰安婦の調査記録がある。

朝鮮で、およそ八〇〇人が慰安婦募集に応じ、一九四二年八月二〇日頃、慰安所の慰安婦斡旋業者に連れられてラングーンに上陸し、八人から二十二人のグループに分けられ、大抵はビルマの各地の軍拠点の近くの街に派遣された。そのうち四つのグループ(キョウエイ、キンスイ、バクシンロウ、モモヤ)がミッチーナに配属された。

平均的な朝鮮人慰安婦は、二十五歳くらいで、無教育で幼稚で身勝手である。美人ではなく、自己中心的で、自分のことばかり話す。手練手管を心得ている。自分の「職業」が嫌いだといっており、仕事や家族について話したがらない。ミッチーナやレドのアメリカ兵から親切に扱われたため、アメリカ兵は日本兵よりも人情深いとみなし、また中国兵とインド兵を怖れている。

報告書付録によれば、慰安婦の年齢分布は、二十一歳が七名と最も多く、二十歳が三名、二十五歳・二十六歳・二十七歳が二名、十九歳・二十二歳・二十八歳・三十一歳が各一名であった。日本人斡旋業者は夫婦で京畿道京城で食堂を経営していたが不振であったため、この斡旋業に就いた。夫は四十一歳、妻は三十八歳だった。

米国戦争情報局心理作戦班報告

慰安婦の年齢に注目してほしい。十代は十九歳の慰安婦一人であり他は二十歳以上である。韓国から連れてきた慰安婦たちであるが十七歳未満の女性は一人もいない。「女性たちの契約期間は六ヵ月から一年間」であったと「米国戦争情報局心理作戦班」は報告している。十九歳の女性は十七歳以上で慰安婦になったことは確実である。「貸座敷娼妓取締規則」では十七歳未満は慰安婦にしてはいけない。法律が遵守されていたことが分かる。日本軍が管理している慰安所では「貸座敷娼妓取締規則」が守られていたのである。

慰安婦の生活と労働環境

ミッチーナでは、彼女らは通常二階建ての大きな建物(学校の校舎)に住んでおり、個室で生活し、仕事をした。食事は、日本軍が配給しておらず、慰安所経営者が準備した。

ビルマでの慰安婦の暮らしぶりは、ほかの場所（慰安所)と比べれば贅沢ともいえるほどであった。

彼女らは食料物資の配給は少なかったが、ほしいものを買えるだけの多くのお金を持っており、暮らしぶりは良好であった。彼女らは、服、靴、タバコ、化粧品を買えた。また、実家から「慰問袋」を受け取った日本軍人から多くのプレゼントをもらっていた。

将兵と共に、スポーツ、ピクニック、娯楽、夕食会等を楽しんだ。蓄音機も持っており、町での買い物に行くことも許された。

米国戦争情報局心理作戦班報告

慰安婦は奴隷ではなく職業婦人として人権が守られていた。「娼妓取締規則」に従って管理・保護していたのが戦地では政府の代理である日本軍であった。日本軍は慰安婦のお客であり管理・保護者だったのである。しかし、日本軍は慰安所の経営者ではなかった。経営者は楼主であった。

料金体系

慰安婦の営業は日本軍によって規制された。利用者が混雑した慰安所では、軍の階級ごとに利用時間や料金の割り当て制が設置された。

中部ビルマにおける平均的な料金体系では、

兵士が午前十～午後五時までで一円五十銭、利用時間は二十～三十分。

下士官は午後五時～午後九時で三円、利用時間は三十～四十分。将校は午後九時～午前〇時で料金は五円、利用時間は三十～四十分。

将校は二十円で宿泊も可能だった。

割り当て表規定時間外利用は厳しく制限されていたので、兵士は不満であったため、各部隊ごとの特定日が設けられた。隊員二名が確認のために慰安所に配置され、監視任務の憲兵も見まわった。

第一八師団がメイミョーに駐留したさいのキョウエイ(共栄)慰安所の日割表では、

日曜日が第一八師団司令部、

月曜日が騎兵隊、

火曜日が工兵隊、

水曜日が休業日・定例健康診断で、
木曜日が衛生隊、金曜日が山砲兵隊、
土曜日が輜重隊、

将校は週に夜七回利用可能であった。

厚紙でできた利用券を購入したあと、所属と階級を確認し、並んだ。慰安婦は、接客を断る権利を認められていた。接客拒否は、客が泥酔している場合にしばしば起こることであった。接客を断る自由もあり、軍人が泥酔していた時には断ることもしばしばあった。

米国戦争情報局心理作戦班報告

慰安婦の報酬および生活状態

慰安所の楼主は、契約時の債務額に応じて慰安婦らの総収入の五〇・六〇%を受け取っていた。慰安婦は月平均で一五〇〇円の総収益を上げ、七五〇円を経営者に返済した。

多くの慰安所経営者は、食料、その他の物品の代金として慰安婦たちに多額の請求をしていたため、彼女たちは生活困難に陥った。

一九四三年後半、軍は借金を返済した女性には帰省を認めた。一部の女性は朝鮮への帰省を許可された。しかし戦況悪化のために、捕虜の慰安婦たちのグループではこれまでに帰国を許された者はいなかった。

健康状態

慰安婦の健康状態は良く、各種の避妊用具を十分に支給されていた。兵士も支給された避妊具をもって来た。

慰安婦は衛生に関して十分な訓練を受けていた。軍医が慰安所を週一回訪れ、病気が見つかった場合は治療を受けた。

兵士たち

慰安婦によると、平均的な日本軍人は慰安所で並んでいるときは恥ずかしがっていた。日本の軍人からの求婚も多く、実際に結婚した者もいた。

慰安婦全員に一致する証言では、酔っぱらいと、翌日前線に向かう兵士は最悪だった。しかし、日本兵は酔っていても決して軍事機密を漏らすことはなかった。

兵士たちは、故郷からの手紙、新聞、雑誌や、また、缶詰、石鹸、ハンカチーフ、歯ブラシ、人形、口紅、下駄などが入った「慰問袋」を受け取るのを楽しみにしていた。

旧日本軍には、ビルマ・マレー・インドシナ・フィリピン・オセアニアなど様々な方面軍があり、最終配置としては南方八方面が知られている。一九九二年および一九九三年発表の政府資料には、マレー、ビルマ方面の慰安所規定があった。

一九四三年の中部ビルマのマンダレー駐屯地慰安所規定によれば、「慰安婦の他出に際しては、経営者の証印ある他出証を携行せしむるものとす」とあり、他に「慰安所における軍人軍属など使用者の守るべき注意事項」として、「過度の飲酒者は遊興せざること」「従業員（慰安婦を含む）に対し粗暴の振る舞いをなさざること」「サックを必ず使用し確実に洗浄を行い性病予防を完全ならしむること」「違反者は慰安所の使用停止のみならず、会報に載せられ、その部隊の使用停止につながりうる」という規定が存在していた。

慰安所朝鮮人男性従業員の日記発見　ビルマなどでつづる

毎日新聞　配信

昭南博物館のスタンプが押された日記

【ソウル澤田克己、大貫智子】第二次世界大戦中にビルマ（現ミャンマー）とシンガポールの慰安所で働き、その様子をつづった朝鮮人男性の日記が、韓国で見つかった。男性は、一九四二年に釜山港を出発した「第四次慰安団」に参加し、四四年末に朝鮮へ戻った。慰安所従業員の日記の発見は、日韓で初めて。旧日本軍による従軍慰安婦問題では、数十年たってからの証言が多いが、現場にいた第三者による記録は、冷静な議論をする上で貴重な資料と言える。

【具体的記述が次々と】慰安所従業員の日記の詳細（抜粋）

朝鮮近代経済史が専門で、慰安婦問題にも詳しい安秉直（アンビョンジク）ソウル大名誉教授が見つけた。約十年前にソウル近郊の博物館が古書店で日記などの資料を入手。これを安名誉教授が最近精査し分かった。堀和生京大教授と木村幹神戸大教授が、日本語訳の作成を進めている。

日記は、朝鮮半島南東部・慶尚南道（キョンサンナムド）出身の男性が、ビルマとシンガポールの慰安所で働いた四三、四四年に記した。漢字やカタカナ、ハングルで書かれている。

男性は〇五年生まれで七九年に死去。二二年から五七年までの日記が残る。ただ、朝鮮で慰安婦募集に携わった可能性のある四二年を含む八年分は、見つからなかった。

男性は、四三年七月十日に「昨年の今日、釜山埠頭（ふとう）で乗船し、南方行きの第一歩を踏み出した」と記述。四四年四月六日には「一昨年に慰安隊が釜山から出発した時、第四次慰安団の団長として来た津村氏が（市場で）働いていた」と書いた。

ビルマで捕らえた慰安所経営者(楼主)を米軍人が尋問し四五年十一月に作成した調査報告書には、四二年七月十日に慰安婦七〇三人と業者約九十人が釜山港を出港したとの記録がある。釜山出港の日付が一致し、日記の正確性を裏付ける。

安名誉教授は「米軍の記録が第四次慰安団を指すのは確実だ。慰安団の存在は、組織的な戦時動員の一環として慰安婦が集められたことを示している」と指摘する。ただ、安名誉教授は、韓国で一般的な「軍や警察による強制連行があった」という意見に対しては、「朝鮮では募集を業者が行い、軍が強制連行する必要は基本的になかったはずだ」との見方を示した。

また、日記には「航空隊所属の慰安所二カ所が兵站（へいたん）管理に委譲された」（四三年七月十九日）、「夫婦生活をするために（慰安所を）出た春代、弘子は、兵站の命令で再び慰安婦として金泉館に戻ることになったという」（同二十九日）などと、慰安所や慰安婦と軍の関係が記されている。

一方、「鉄道部隊で映画（上映）があるといって、慰安婦たちが見物に行ってきた」（四十三年八月十三日）、「慰安婦に頼まれた送金六〇〇円を本人の貯金から引き出して、中央郵便局から送った」（四四年十月二十七日）など、日常生活の一端がうかがえる内容もあった。

これが記録に残っている慰安婦や慰安所である。以上で慰安婦について理解できたと思う。日本は明治時代から、朝鮮は韓国併合から法治社会であった。法律をつくり、法律に違反した者は警察が逮捕し裁判官が判決を下した。このことを私たちは認識しなければいけない。

朝鮮で日本軍による強制連行はあり得ない

朝鮮で日本軍による強制連行はあっただろうか。自称元慰安婦たちは強制連行があったと主張しているがそれは絶対にありえないことである。韓国は戦場ではなかった。平穏な社会であり、日本に併合された韓国は法治社会であり日本軍が暴力的に支配しているわけではなかった。

慰安婦に関しては「貸座敷娼妓取締規則」があり、慰安婦になるのは本人の意志で決めていたし、同意の契約書も作成していた。日本軍が韓国で強引に女性を連行すれば誘拐である。法律に忠実な日本軍が韓国女性を連行することはあり得ないことである。

路上에서少女掠取

醜業中人에賣渡

◇金神通 [illegible] 男女檢擧

判明된誘引魔手段

朝鮮人の人身売買組織が、誘拐した少女を中国人に売り飛ばしていた為、日本政府によって検挙されたことを報じる記事

一九三三年六月三十日付　東亜日報

「強制連行」とは誘拐であり、誘拐は日本軍ではなく、朝鮮の民間人がやっていて日本政府は取り締まっていたというのが歴史的事実である。

性奴隷にされたのは慰安婦ではなく違法売春婦であった

マリア・ルス号事件で明治政府は清国人（中国人）苦力二三一人を解放した裁判で、

「日本が奴隷契約が無効であるというなら、日本においてもっとも酷い奴隷契約が有効に認められて、悲惨な生活をなしつつあるではないか。それは遊女の約定である」

と遊女の奴隷状態を指摘された。明治政府は遊女たちは奴隷ではなく、人権が保障された職業婦人であると遊女たちの地位を確立したのが「娼妓取締規則」である。

「娼妓取締規則」を遵守した売春婦が国内の公娼であり大陸の慰安婦である。慰安婦が奴隷だったというのは間違いである。

○「娼妓取締規則」の第一条に「十八歳未満の者は娼妓になってはいけない」とある。韓国の「貸座敷娼妓取締規則」は十七歳未満である。十四歳や十一歳で慰安婦になったというのは嘘である。彼女たちは違法少女売春婦だった。

○　挺身隊に入れると騙されて慰安婦にされた自称慰安婦がいるが、高給取りの慰安婦はポスターで募集すればたくさん集まった。慰安婦のほうが挺身隊より給料は何倍もある。挺身隊に入れると騙す必要はなかった。

SAPIO編集部・編

「日本人が知っておくべき『慰安婦』の真実」という本で、評論家たちが韓国の主張に反論している。

「在日コリア」編集長・西岡力氏

挺身隊は国家総動員法によって工場などで労働をさせられたものであり、慰安婦とは制度上全く別のものであると説明し、韓国側が女子挺身勤労令によって慰安婦が徴用されたと主張するのは間違っていると指摘している。

作家・井沢元彦氏、

朝日新聞の強制的に連行されて慰安婦させられたという主張に対して強制連行はなかったと反論している。

昔、こういう冗談があった。「日本軍に一番の打撃を与えるためにはなにを盗めばよいか？」答えは「ハンコ」なのである。今一番忘れられていることは、日本軍(特に陸軍)が巨大な「お役所」であったという事実だ。何事も責任者の「ハンコ」がなければ動かない。もし軍が公然と強制連行をやっていたのなら、命令書や伝票(輸送、食糧、衣類支給、報酬)の類いが相当数使われたはずだ。それが一枚もでてこないなど有り得ない。

井沢元彦氏は重要な指摘をしている。明治以降の日本は書類には必ず押印をした。縦社会である軍隊は書類への押印を徹底していた。たとえば、「軍慰安所従業婦等募集に関する件」の書類には九つの押印をしていた。

押印欄

・保存期間：永久（押印）
・決裁指定：局長委任（押印）
・決行指定：櫛淵（陸軍省大臣官房副官）　押印
・次官　　梅津（陸軍省次官）　押印
・高級副官　櫛淵（陸軍省大臣官房副官）押印
・主務局長　今村均（陸軍省兵務局長）　押印
他、主務副官・主務課長・主務課員　押印

慰安婦の書類も同じであった。慰安婦になるには戸主の許可が必要であった。また、戸籍吏の作った戸籍謄本が必要であったし、市区町村長の作った承諾者印鑑証明書も添付しなければならなかった。慰安婦になるには市区町村長の承諾者印鑑証明書が必要だったのである。

娼妓取締規則　第三条　九項

前各号の外庁府県令にて定めた事項を報告する。

前項の申請には戸籍吏の作った戸籍謄本前項第三号第四号承諾書及び市区町村長の作った承諾者印鑑証明書を添付しなければならない。

娼妓取締規則を遵守し、慰安婦の提出書類を上司へ提出しなければならない日本軍が強制連行をすることはできなかった。強制連行をしたら証拠の書類が残っているはずである。しかし、そんな書類は一枚も残っていない。

日本軍による強制連行はなかったが、韓国の悪質ブローカーによる誘拐・拉致は多かった。ジャーナリストの水間政憲氏は当時の朝鮮日報が報道していた極悪「朝鮮業者」について書いている。

○「路上で少女を拉致、醜業、中国人に売り渡す。売り渡した男女検挙。判明した誘拐間の手口」東亜日報一九三三年六月三十日付

○「良家の少女を誘拐して、満州に売り渡し金儲け　釜山署犯人を逮捕」東亜日報一九三八年十二月四日付

○「悪徳商売業者が跋扈(ばっこ＝ほしいままに振る舞うこと)　農村の婦女子を誘拐　被害女性一〇〇人を超える」

「慰安婦の真実」

韓国で多くの誘拐拉致犯が逮捕されている。彼らは誘拐した女性を国内や国外の売春宿に売っていた。誘拐・人身売買が横行していたことを水間氏は指摘して日本軍の強制連行はなかったと主張している。

朝日新聞も「強制連行」の真犯人が朝鮮人だと報じていたのだ。「慰安婦」は当時合法であったにもかかわらず社会問題になったのは、一部で悪徳朝鮮人が婦女子を拉致・誘拐していたことによる。

「慰安婦の真実」

水間氏は慰安婦＝売春婦と決めつけているところがある。売春婦には合法の公娼と違法の私娼がいた。すべての売春が合法だったわけではないしすべての売春婦が慰安婦だったわけではない。その点を水間氏は認識していない。

売春婦＝慰安婦だったのではない。売春婦＝合法でもなかった。合法な売春婦が慰安婦だったのだ。合法ではない売春婦は違法売春婦だった。

悪徳朝鮮人が婦女子を拉致・誘拐して売春婦にしたのは違法であり、彼女たちは公娼でもなければ慰安婦でもなかった。

韓国が問題にしているのは日本軍の強制連行と慰安婦が性奴隷にされたことである。水間氏は日本軍の強制連行はなかったことを証明したが慰安婦が性奴隷にされたと認めている。それは間違いである。慰安婦は性奴隷にされないように日本軍に保護されていた。性奴隷にされたのは日本軍が保護しなかった違法売春婦たちであった。この勘違いは『慰安婦』の真実」に掲載しているほとんどの著者に共通している。

慰安婦は正式な手続きをやった売春婦であり日本軍の慰安所だけで仕事をした。日本軍の監視と保護下にあった。法律を遵守しているか否かは日本軍にとって重要なことであった。だから、誘拐は勿論のこと甘言で騙して慰安婦にすることも日本軍は許さなかった。

一九三二年に長崎県の女性を「カフエーで働くいい仕事」と騙して中国上海の日本軍慰安所に連れて行った日本人斡旋業者がいた。斡旋業者は違法行為をしたということで逮捕された。そして刑法に基づき有罪とされたのである。

日本軍が違法な方法で慰安婦を集めないように通達した書類がある。

「受領番号：陸支密受第二二九七号　起元庁(課名)：兵務課・件名：軍慰安所従業婦等募集に関する件」である。

副官より北支方面軍および中支派遣軍参謀長宛通牒案

支那事変地における慰安所設置のため、内地においてこれの従業婦等を募集するに当り、ことさらに軍部諒解などの名儀を利用したために軍の威信を傷つけかつ一般民の誤解を招くおそれあるもの、あるいは従軍記者、慰問者などを介して不統制に募集し社会問題を惹起するおそれあるもの、あるいは募集に任ずる者の人選適切を欠くために募集の方法が誘拐に類し警察当局に検挙取調を受けるものあるなど 注意を要するものが少なからざるについては、将来これらの募集などに当っては派遣軍において統制し募集に任ずる人物の選定を周到適切にしてその実施に当たっては関係地方の憲兵および警察当局との連繫を密にし、軍の威信保持上ならびに社会問題上遺漏なきよう配慮相成たく依命通牒す。

軍慰安所従業婦等募集に関する

軍部諒解などの名儀を利用する者、従軍記者、慰問者、募集の方法が誘拐に類しているものなど不正な方法が横行していることに日本軍は頭を痛め、不正なことが行われないように派遣軍が斡旋業者を厳しく査定して関係地方の憲兵や警察当局と連繫を密にするように通達している。

日本軍が法律を守り、秩序を回復しようと努力している姿が見られる。日本軍は、騙されたり誘拐されたりして強引に慰安婦にされる女性が出ないように努力していた。「軍慰安所従業婦等募集に関する件」でそれが分かる。
○明治政府は身分制度を廃止し、四民平等の社会にした。
○憲法を制定し、民法・刑法をつくり、法が支配する法治国家にした。
○四民平等で奴隷を禁じている明治政府はマリア・ルス号に乗っている奴隷を解放したが、裁判で遊女が奴隷である矛盾を指摘され、遊郭の娼婦たちを自由にする芸娼妓解放令を出した。
○しかし、遊郭を存続したい明治政府は、「娼妓取締規則」を制定し、売春婦の人権を保障することによって遊郭を維持した。

明治政府の四民平等と法治主義の精神が慰安婦制度にも反映していたことを私たちは認識する必要がある。この認識がないと、強制連行はあったなかった。慰安婦は性奴隷だったでなかったの水掛け論にはまってしまう。

娼妓取締規則には、公娼になる条件を明記している。

第一条　十八歳未満の者は娼妓になってはいけない。
第二条　娼妓名簿に登録されていない者は娼妓稼をしてはいけない。
娼妓名簿は娼妓所在地所轄警察官署に備えるものとする。
娼妓名簿に登録していない者は警察官署が取り締まる。

第三条　娼妓名簿に登録する時は本人が自ら警察官署に出頭し、左の事項を書いた書面を申請しなければならない。

一　娼妓になる理由

二　生年月日。

三　親のいない時は戸主の承諾を得る。もし、承諾を与える者がいない時は其事実を書く。

朝鮮の慰安婦は朝鮮の警察署に出頭し書類を提出しなければならなかった。また、慰安婦の自由も法律で保障していた。

第十二条　何人であっても娼妓の通信、面接、文書の閲読、物件の所持、購買其の外の自由を妨害してはならない。

慰安婦の人権を守るための法律もあった。

第十三条　左の事項に該当する者は二十五円以下の罰金又は二十五日以下の重禁固に処す。

一　虚偽の事項を書いて娼妓名簿登録を申請した者。

二　第六条第七条第九条第十二条に違反した者。

三　第八条に違反したもの。及び官庁の許可した貸座敷以外で娼妓稼をさせた者。
四　第十条に違背した者。及び第十条によって稼業に就いてはいけない者を強引に稼業に就かした者。
五　第十一条の停止命令に違背した者。及び稼業停止中の娼妓を強引に稼業に就かした者。
六　本人の意に反して強引に娼妓名簿の登録申請又は登録削除申請をさせた者。

慰安婦の人権を守り性奴隷にさせないのが「娼妓取締規則」であった。「娼妓取締規則」は無理やり働かせたり、本人の意思に反した登録も禁じていたのだ。十五条からなる「娼妓取締規則」に違反した売春婦は慰安婦ではなかった。慰安婦ではない売春婦も多かった。

「娼妓取締規則」に違反した売春、強制連行、性奴隷は慰安婦問題ではない。慰安婦になる女性は同意書を警察署に提出しなければならなかった。自称元慰安婦が、慰安婦であったことを主張するならば、朝鮮のどこの警察署に書類を届けたかを明確にするべきである。

正式な慰安婦なら強制連行されなかったし、性奴隷にもされなかった。それが歴史的事実だ。

二人の自称元慰安婦

韓国の元慰安婦二人が来沖した。

金福童（キム・ポクトン・八十七）さんは十九日の「五・十五平和とくらしを守る県民大会」で講演をやった。

「幼い少女が夢を花開くこともできず（日本軍の）性奴隷となり、踏みにじられたことを考えてほしい」

「朝から夕方まで、一日に何十人もの兵士の相手をしなければならなかった。そんな生活を八年強いられた。このような少女がいたことを皆さんは知っていたか」と問うと、会場は静まり返り、聴衆は鎮痛な面持ちで舞台を見詰めた。

「日本の政治家が憲法を変え、戦争ができる国にしようとしている。皆さん、頑張って声をあげ、平和な国をつくってほしい」と手を振り上げて訴えると、会場からひときわ大きな拍手が沸き起こった。

琉球新報

金さんは日本の侵略戦争のために慰安婦として筆舌しがたい屈辱の体験をしたという。しかし、慰安婦を体験したからと言って、「日本の政治家が憲法を変え、戦争ができる国にしようとしている」という金さんの主張が正しいとは言えない。

現在の日本の政治を批判するのに戦時中の慰安婦体験は役に立たない。むしろ、慰安婦を体験したために色メガネで日本の政治を見、間違った判断をしてしまう。
現在の日本は国民主権の国であり、民主主義国家である。自衛隊はシビリアンコントロールされている。自衛隊が軍隊になったからといって軍隊が政権を握ることはない。民主主義国家日本が軍国主義国家になることはない。自衛隊が軍隊になったからといって戦争をすることはない。

日本には公娼制度があった。公娼制度には国が認める売春婦＝公娼は十八歳以上でなければならないという決まりがあった。朝鮮も法治社会になり、朝鮮の場合は公娼は十七歳以上という公娼制度になっていた。
金さんは十四歳で慰安婦にさせられたというが、日本軍が十四歳の慰安婦を認めるはずがない。法律を守るのは日本軍にとって絶対でなければならないからだ。日本軍が日本の法律を破るということは日本国家の崩壊につながる。大げさに見えるだろうが、法律を守るか守らないかは法治国家が成り立つか成り立たないかの根本的な問題なのだ。

金さんは十四歳に慰安婦させられたというが、法律上は十四歳では慰安婦になれない。日本軍が法律を破るというのは考えられない。金さんを連れていったのが日本軍であるというのは信じることができない。連行したのは本当に日本軍だったのか。本当は日本民間人または朝鮮民間ブローカーだった可能性が高い。金さんを管理していたのが日本軍ではなく民間人であったなら金さんは日本軍の慰安婦ではなく民間売春婦ということになる。それも公娼ではなく法律違反の私娼である。

金さんは「事実を知って」と訴えているが、金さんのいう日本軍の「性奴隷」は本当だったのか。金さんの話には強い疑問が残る。

そもそも、金さんの講演はおかしい。「日本の政治家が憲法を変え、戦争ができる国にしようとしている」という考えは共産党・社民党と同じである。金さんは元慰安婦というより共産党員や社民党員ではないかと疑ってしまう。

金福童さんの決定的な矛盾。

現在八十七歳・・・一九二六年生まれ

十四歳で慰安婦になった・・・一九四〇年　※十四歳では慰安婦になれない。

八年間慰安婦を強いられた。ということは一九四八年まで慰安婦をしていた。

戦争終結は一九四五年である。戦争が終わって日本軍は解体したのに、それから三年間も存在しない日本軍の慰安婦をやっていた。数字上の矛盾。ありえないこと。

金さんが慰安婦でなかったことは確実である。

金さんが帰った後、李さんがやってきて沖縄大学で講演を行った。日本の歴史認識を考えるシンポジウム「朝鮮人強制連行」と従軍慰安婦」をめぐってＰａｒｔ２　おきなわ「日韓生計・文化」フォーラムの主催

李さんは八十五歳・・・一九二八年生まれ
十七歳に慰安所・・・一九四五年
日本兵を相手に売春
脱走
連れ戻される
焼きごてによる拷問
妊娠・・・慰安所ではコンドームをつけていたから妊娠するのは変。
子宮摘出の大手術
回復した李さんは再び慰安所に
終戦・・・一九四五年八月十五日
たった八カ月でこんな体験をできるはずがない。

金福童はにせ慰安婦だ

慰安婦被害者の金福童（キム・ボクドン）さんは二十五日、日本政府が慰安婦問題で旧日本軍の関与と強制性を認めた「河野談話」の検証結果を公表したことに抗議するため、ソウルの日本大使館を訪れた。

金さんは「私は十四歳の時に（日本へ）連れて行かれ、二十一歳まで強制的に慰安婦にされ苦痛を強いられた歴史の生き証人」とし、「日本が本当に反省し世界平和を望むなら、慰安婦問題についてありのままの事実を究明し、賠償しなければならない」と訴えた。

日本国内には沖縄だけに慰安所はあった。本土には民間人が経営する遊郭があったのであり、軍が管理している慰安所はなかった。存在しない慰安所に居たという金さんの発言は嘘であることは明らかである。

沖縄にあった慰安所には韓国の女性が多かったが、彼女たちが売春婦であったという資料はたくさんあるが性奴隷だったという資料は一つもない。

金福童さんが慰安所と思っていたのは政府が許可している遊郭ではなく、もぐりの売春宿だっただろう。遊郭は１８歳以上でないと働くことはできなかった。１４歳の金福童さんが遊郭に入ることはできなかった。金福童が居たのは訓練所の近くにある日本兵相手の違法売春宿だったに違いない。

中国が慰安婦は軍が管理している売春婦であったことを発表した

河北省石家荘市で、１９３８年当時の旧日本軍の「遊興料金表」が発見された。当時の慰安婦制度が日本軍の許可と支持を受けていたことを示すものとして、注目されている。１２日付で河北新聞網が伝えた。

同市内に在住する張さんが今年、１９３８年と刻印のある旧日本軍の「警備情報」を約１００冊、友人を通じて日本で購入し、その中の１冊に挟まっていた。「遊興料金表」の内容は、「将校が１時間２円、時間増しは１時間当たり１円。１２時から翌朝７時までは８円。下士官兵は１時間当たり１円５０銭。時間増しは１時間当たり８０銭」となっている。「正定警備隊本部」との落款があり、「第９師団後備歩兵第１大隊」と赤い朱肉で押印されている。

料金表を翻訳した河北大学師範大学歴史文化学院の孫文閣副教授は、「当時、日本軍が正定に慰安所を設け、将校や下士官兵に対して慰安所を出入りする際の料金を定めていたことを示すものだ」と指摘している。

これと同時に、慰安婦の「身体検査表」も発見されており、喜楽館、日進館、新京館の慰安所で慰安婦16人に対して身体検査を行ったことが記録されている。そのうち、「愛子」と「花子」が不合格になっていたことも記されている。

河北歴史文献研究者の王律氏はこれについて、「具体的な人名、場所、時間などが書かれており、すべて真実であることは間違いない。当時の慰安婦制度が日本軍の許可と支持を受け、公然と行われていたことを示すものであり、こうした史料は非常に珍しい。慰安婦制度の真相を覆い隠そうと企む日本軍国主義のウソを暴くものだ」との見方を示している。


「FOCUS-ASIA.COM」（編集翻訳　小豆沢紀子）

河北新聞網は、慰安婦制度が日本軍の許可と支持を受けていたことを日本政府が否定していると勘違いしているようだ。戦前の日本政府は慰安婦制度を公認していた。日本政府は売春婦の人権を守る娼妓取締規則という法律を制定していた。朝鮮では売春が自由であったが、韓国併合をした時に貸座敷娼妓取締り規則を制定した。これらの法律は日本は18歳以上、韓国は17歳以上と年齢を制限した。そして、売春婦を保護し性奴隷にされないための規則をつくった。

「遊興料金表」が慰安婦は生奴隷ではなく売春婦であったなによりの証拠である。慰安婦の「身体検査表」があったということは慰安婦の健康と性病を定期的に検査していた証拠である。娼妓取締規則は定期検査を義務づけている。日本国内であったら民間の医師が検査していたが、大陸では民間の医師に代わり軍医が検査していた。

「愛子」と「花子」が不合格になったということは彼女たちが病気になっていたか性病にかかっていたからである。

「当時の慰安婦制度が日本軍の許可と支持を受け、公然と行われていたことを示すものであり」と鬼の首でも取ったように河北新聞網は報道しているが、それは日本政府が認めていることである。

「こうした史料は非常に珍しい」と述べているが全然珍しくない。このような資料はたくさんある。沖縄にもある。慰安婦が性奴隷であったと主張している連中がこのような資料を無視しているから慰安婦が売春婦であったとする証拠はないと錯覚するのだ。

「慰安婦制度の真相を覆い隠そうと企む日本軍国主義のウソを暴くものだ」には笑える。河北新聞網は慰安婦のなにが問題になっているかを知らないようだ。

慰安婦制度の真相を隠しているのは慰安婦は性奴隷であったと主張している連中であって日本政府ではない。河北新聞網が見つけたのと同じ資料を隠しているのは性奴隷を主張している連中なのだ。

河北新聞網は慰安婦が性奴隷ではなく売春婦であった資料を公表した。慰安婦問題に関しては河北新聞網は日本の味方だ。

沖縄の元慰安婦支援者の自己矛盾

日本と韓国政府が「慰安婦」問題合意をしたことに対して、沖縄の元慰安婦支援者は批判しているが、矛盾している。

慰安婦問題は国連や米国で慰安婦は性奴隷である言われているからである。慰安婦は性奴隷かそれとも売春婦かの問題であり、そのことを明確にするのが慰安婦問題の重要な点である。沖縄で明らかになったのは慰安婦が売春婦だったことである。

西原町に住む女性史研究家の浦崎成子さん（68）は「日本政府は公の場で当事者の声を聞いていない。『慰安婦』がどういうシステムだったかも明確にしないまま決着とするのは、女性の人権に対する冒瀆（ぼうとく）でしかない」と憤っているというが沖縄の慰安所のシステムについては明らかになっている。

「慰安婦」や「軍夫」の問題に取り組むNPO法人沖縄恨之碑の会代表の安里英子さん（67）は「被害者が戦後70年、血と涙で訴えてきたことをこれで終わりにして、もう二度と蒸し返してくれるなという意図が見え見え。それを受け入れた韓国政府にも失望する」と強調し、「日本が犯した最大の人権侵害を薄っぺらい支援策で覆い隠すのは、さらなる犯罪に他ならない」と批判している。

2012年の「沖縄戦と日本軍『慰安婦』」展で実行委員長を務めた高里鈴代さん（75）は「軍の関与を認め、政府の責任を明確に言った点では一定評価する」と語る。ただ「被害者が納得するかは別で、問題は決してこれで終わらない」と指摘している。

沖縄にはかつて多くの慰安所があったとされるが、沖縄の慰安婦は売春婦であって性奴隷ではなかったことが明らかになっている。沖縄では慰安婦が売春婦であったことを認識した上で、女性の人権が踏みにじられたことを批判しているのである。それは韓国女性の慰安婦が朝鮮ピーと呼ばれていたことでも分かる。ピーとは売春婦のことである。日本の売春婦はピーと呼ばれ、朝鮮の売春婦は朝鮮ピーと呼ばれていた。

戦前の日本は売春は合法であった。売春が人権侵害であると批判するならば、韓国だけでなく日本の売春婦も問題にするべきである。韓国の慰安婦のみを問題にするのは矛盾している。

沖縄は復帰前まで売春は合法であった。ところが彼女たちは沖縄の女性の人権を問題にしていないのである。戦前ではない。戦後の沖縄の女性の人権問題である。戦後の沖縄女性の人権を問題にしないで、戦前の韓国の女性の人権を問題にするのは、彼女たちが沖縄女性の人権問題に真剣に取り組んでいない証拠である。

世界の国々の戦地性政策の違い

第二次世界大戦では、それぞれ国の戦地性政策は異なっていた。大別すると三類になる。

○　自由恋愛型　私娼中心。イギリス軍、米軍

○　レイプ型　ソ連

○　慰安所型　日本、ドイツ、フランス

、

自由恋愛型　私娼中心

「女性を隠せ」、街中いたるところで性行為

○自由恋愛型とは、私娼中心で公娼制度を持たない政策である。フェミニズムによる批判や世論を受けて公娼制を公認できなかったためとされ、英米軍がこれに該当する。

米メディアがノルマンディーに上陸した米兵について、キスをする米兵と若い

フランス女性の写真を掲載するなどロマンチックな視点で解放者として描いていた間、地元の人々は「問題」に直面していた。地元には、「ドイツ兵を見て隠れるのは男たちだったが、米兵の場合は女たちを隠さねばならなかった」という話が伝わっている。

米兵たちの放蕩ぶり、不法行為、さらには組織的な人種差別などもあった。「GIはどこでも所かまわずセックスしていた」とロバーツ教授は述べている。

特に、ルアーブルやシェルブールでは米兵たちのマナーの悪さが目立ったという。米兵たちは、女性を見れば既婚女性でさえ公然とセックスに誘い、公園、爆撃を受けて廃墟と化した建物、墓地、線路の上など、街中いたるところが性行為の場となった。しかし、全てが両者の合意のもとで行われたわけではなく、米兵によるレイプの報告も数百件残されている。

ロバーツ教授が調べた資料によれば「セックスをしている男女を見かけずに街を歩くことは不可能」なほどで、当時のルアーブル市長が米駐留部隊の司令官に改善を求めたと記されていた。米軍の上官らは兵士たちの行為について公式な非難声明は出したが、改善の努力はしなかったという。「ＡＦＰＢＢ ニュース」

レイプ型

ソ連（ロシア）では慰安所は設置されていなくて、レイプが黙認されていた。スターリンは敵国の女性を戦利品とする「戦地妻」を容認し、「わが軍兵士のふるまいは絶対に正しい」と兵士を鼓舞した。ソ連軍は占領したドイツで集団強姦を広範囲に行い、レイプの被害者数はベルリンでは九万五〇〇〇〜十三万、東プロイセン等では一四〇万人、ドイツ全域で二〇〇万人にのぼった。

ソ連軍は満州や朝鮮半島では日本人女性の強姦行為を各地で繰り返し、ソ連軍によって監禁された約一七〇名の日本女性が強姦を受け、二十三人が集団自決した敦化(とんか)事件も起きている。

敦化事件（日満パルプ事件）

敦化事件とは第二次世界大戦の終戦直後に満洲国吉林省敦化で起こった日本女性への深刻な人権侵害事件。

事件の現場となった日満パルプ製造敦化工場は１９３４年に王子製紙が敦化県城南門外牡丹江左岸（敦化郊外５キロ）に設立した工場。

工場に隣接して設置された社宅地は高さ４．５ｍの煉瓦壁でおおわれた２万坪の敷地内に壮麗な造りの社宅と福利厚生のためのクラブなどが設けられており、日本人職員とその家族２６０人が暮らしていた。

１９４５年８月９日未明に突如としてソビエト連邦が満洲国に侵攻し、敦化に近い東部国境付近では関東軍・満洲国軍がソ連軍と交戦していたが、工場や敦化市内では満人や朝鮮人の態度も変わることなく治安が保たれたままであった。８月１５日に敗戦を迎えた後も工場の満人や朝鮮人従業員は変わることはなかったが、敦化市内では満人や朝鮮人の一部による略奪・放火・日本人女性への暴行が行われるようになった。

８月１９日、ソ連軍が敦化市内に進駐してきたため、敦化守備隊は降伏し武装解除された。

ソ連軍は社宅に侵入すると１時間以内に社宅の一角を引き渡すよう要求した。ソ連兵はすぐにホテル・レストランを兼ねた壮麗な造りのクラブに惹きつけられていった。ソ連兵はクラブ従業員の女性２人を引きずり出すとジープで社宅から連れ去った。数時間後に拉致された２人の女性のうち、１人はボロボロの姿で帰ってきたが、もう１人は帰ってこなかった。

８月２５日、ソビエト軍は男性全員を集合させると１０キロほど離れたところにある飛行場の近くの湿地に連行し、婦女子は独身寮に集められた。

１７０人ほどの婦女子は１５，６人ずつに分けられ監禁されることとなった。

夜になるとソ連兵３００人あまりが独身寮に移ってくるとともに短機関銃を乱射する頻度が夜が更けるにつれて増えていった。女性たちは夜が明けることを祈りながら一晩中恐怖と戦っていた。

８月２６日夜明け、酒に酔ったソ連兵たちは短機関銃を空に乱射しながら女性たちが監禁されている各部屋に乱入すると女性たちの顎をつかみ顔を確認しながら気に入った女性たちを連れて行こうとした。女性たちは金品を渡したり、許しを懇願したが聞き入れられず、次々に引きずり出されていった。各部屋からは女性たちの悲痛な叫びが溢れたが、ソ連兵は構うことなく短機関銃を乱射し続けていた。

このため、女性たちは頭を丸坊主にしたり、顔に墨を塗るなどしたが、ソ連兵による強姦は朝になっても収まることはなく、部屋に乱入すると女性たちの胸部をまさぐるなどして気に入った女性たちを何度も連行していった。社宅と塀を隔てた工場に残されていた男性社員たちは社宅の異変を察知するとソ連兵の監視を掻い潜り塀を乗り越え社宅に潜入したが、厳重な警戒が布かれている独身寮には近づくことができなかった。

ソ連兵たちは狼藉を続けるうちに女性たちの部屋の廊下に監視兵を置くようになったため、御不浄や食事もままならないようになった。女性たちは自身のおかれている状況や絶え間ない銃声からすでに男性社員たちは皆殺しにあったのではないかと考えるようになった。

ソ連兵による女性たちへの昼夜に渡る暴行は８月２７日の深夜になっても収まることはなかった。このため、２８人の婦女子が集められていた部屋では自決をするべきか議論がなされるようになった。議論中にもソ連兵の乱入があり、隣室からも女性たちの悲鳴や「殺して下さい」などの叫び声が聞こえてきたため、自決することに議論が決した。

隠し持っていた青酸カリが配られ全員が自決を図り、２３人が死亡、５人が死に切れずに生き残った。他の部屋ではソ連兵に引きずり出されるときに剃刀で自殺を図った女性もいた。

８月２７日早朝、ソ連兵が集団自決を発見し、将校に報告されると各部屋にはソ連兵の見張りが付けられ、女性たちは外を見ることを禁じられ、遺体はどこかへ運び去られた。責任を問われることを恐れたソ連軍将校によってこれ以上の暴行は中止されることとなった。

敦化事件（日満パルプ事件）

大古洞開拓団(三江省通河県）ではソ連軍による慰安婦提供の要請を受けて、二名の志願慰安婦を提供している事例もある。

朝鮮人(朝鮮保安隊)も朝鮮半島の吉州郡や端川市などでソ連兵とともに非戦闘員の女性引揚者への集団強姦行為をおこない、強姦後に虐殺するケースもあった。強姦により妊娠した引揚者の女性を治療した二日市保養所の一九四六年(昭和二一年)の記録では、相手の男性は朝鮮人二十八人、ソ連人八人、中国人六人、アメリカ人三人、台湾人・フィリピン人各一人であり、場所は朝鮮半島が三十八件と最も多く、満州四件、北支三件であった。また、中国共産党軍による通化事件が起きたほか、引揚列車に乗り込んできた中国共産党軍によって拉致された女性もいた。

慰安所型

戦前の日本には売春禁止法がなかった。日本は売春を認めていた。だから売春は自由にやっていたと思っている人は多いだろう。しかし、それは大きな間違いである。日本政府はフリーな売春を禁止していた。売春を自由にさせてはいなかった。売春を認めていたが厳しい規制で管理していた。

日本には売春を規制する法律があった。それを娼妓取締規則という。その法律を遵守する制度を公娼制度という。それは売春を公認することであるが、公娼制度の目的は無秩序な売春を国が管理して、秩序ある売春によって売春婦を保護し、トラブルをなくすことにあった。

自由恋愛型（私娼中心。イギリス軍、米軍）、慰安所型（日本、ドイツ、フランス）、レイプ型（ソ連）のどちらが一般女性の被害が少なかったか。皮肉なことにも今世界から非難されている日本の慰安所型である。日本軍による一般女性の性被害はあったかもしれないが自由恋愛型やレイプ型に比べれば非常に少なかった。それなのに日本の慰安婦問題だけが取り上げられ非難されているのだ。

それはなぜか。国連や世界の国々は慰安婦を性奴隷とみなしているからだ。

「仲間の一人が一日四〇人もサービスをするのはきついと苦情を言うと、ヤマモト中隊長は拷問したのち首を斬り落とし、「肉を茹でて、食べさせろ」と命じた。性病消毒のため熱い鉄の棒を局部に突き刺されたり、生き埋めになったり、入れ墨されたりして少女の半分以上が殺された」

このような話が国連人権委員会で認定されている。これが世界が認識している日本の慰安婦の姿だ。

橋本市長ツイッターより

首を切られ、肉をゆでられ、局部に熱い鉄の棒を突き刺されたり、生き埋めにされ、半分以上の少女が殺されたという慰安婦の話は日本国内では聞いたことがない。日本軍がそんなことをやったとは考えられない。

慰安婦とは大陸に渡った日本兵を相手に日本軍の慰安所で売春をした公娼である。多くの人が勘違いしているのは日本兵を相手にしたすべての売春婦を慰安婦であると思い込んでいることだ。売春婦＝慰安婦ではない。慰安婦は政府が公認した売春婦であり娼妓取締規則を遵守した売春婦である。彼女たちは慰安所のみで商売をし、指定された住居でのみ生活をした。大陸には慰安婦ではない売春婦も多くいた。

勝新太郎が主人公の満州を舞台にした映画「兵隊やくざ」では違法な売春婦を女郎と呼び、売春宿を女郎屋と呼んでいた。慰安所以外に違法な女郎屋も多く存在していた。日本兵を相手にしたすべての売春婦が慰安婦であったと思うのは間違いである。

元慰安婦を私は「自称慰安婦」と呼ぶ。彼女たちが慰安婦である証拠は彼女たちの発言のみであって証拠はなに一つないからだ。慰安婦問題で民間の日本兵相手の売春宿のことが問題にされたことがない。日本や朝鮮の民間人の経営による朝鮮女性の日本兵相手売春宿がたくさんあったのは事実である。韓国では日本兵相手の売春婦全員を慰安婦と呼んでいる。民間の売春宿てせあったなら１７歳未満の少女を働かせたり、性奴隷にしただろう。

朝鮮日報日本語版のコラム「慰安婦合意にはらわたが煮えくり返る日本の極右」には明らかに慰安婦ではなかった女性を慰安婦としている。元慰安婦支援団体「韓国挺身隊問題対策協議会（挺対協）」が偽の慰安婦を慰安婦だと書いている。


中学生の娘がいる。自分ではもう子どもじゃないと思っているようだが、私からすればまだ産毛が生えているようなものだ。世の中のことも分かっていない。強く育てなければと思いながら、少し寒い日に子どもが靴下だけ履いて登校すると、「厚手のタイツを履かせれば良かった」という思いが一日中頭を巡る。だから元慰安婦支援団体「韓国挺身隊問題対策協議会（挺対協）」が発行した従軍慰安婦証言集を読んだ時、思わず力が入った。

１３歳の時、静岡県内の慰安所で天皇の降伏放送（日本で言う玉音放送）を聞いたという元慰安婦の女性がいた。戦争が終わったのに、すぐには解放されなかった。「母のことばかり考えていた」と言った。

敗戦直前、見かねた日本軍将校がこっそり脱出させてくれたという元慰安婦の女性も１人いた。だが、圧倒的に多数の元慰安婦女性はニューギニアで、パラオで、生まれてこの方名前も聞いたことのない南太平洋の小さな島で最後まで日本軍兵士の相手をした。

証言は一つ一つどれも悲惨だった。例えば、ユン・ドゥリさん（２００９年死去）は１５歳の時、警察署の前を歩いていた時、巡査と業者に「良い所に就職させてやる」と言われ、その日の夜に軍用トラックに乗った。後に慰安所から逃げようとして見つかり、銃で撃たれた。傷が化膿（かのう）して肉がえぐれたが、手術を受けて3日目にまた慰安所に行った。ユン・ドゥリさんは「この時が一番つらかった」「横にもなれないのに、軍人の相手をしろと言われ、とても痛かった」と言った。１７歳の時まで1年１１カ月間、１日３０‐４０人の相手をした。「とにかく死なない限り、兵士の相手をしなければならなかった」という。

「朝鮮日報日本語版　１２月３１日」

日本国内に慰安所ができたのは沖縄だけである。静岡県に慰安所があったというのは嘘である。日本国内にあったのは遊郭である。遊郭の遊女(売春婦)は１８歳以上でなければならなかった。１８未満は遊女になれなかった。明治時代に遊女の人権を守るために「娼妓取締規則」という法律ができた。その法律には１８歳未満が「娼妓」になることを禁じていた。

１３歳の時に静岡県内の慰安所に居たということに二つの間違いがある。１３歳で慰安婦になることはできなかったということと静岡県に慰安所はなかったということである。そこは違法な売春宿であっただろう。

ユン・ドゥリさんの話も嘘である。１５歳では慰安婦になれないこと。朝鮮で慰安婦になるには警察に自分の意思で慰安婦になることと、両親や縁者などの許可が必要であり、その書類を警察に提出しなければならなかった。その書類は日本軍の輸送隊に渡り、現地の憲兵隊に渡された。現地では憲兵による面接もあった。

ユン・ドゥリさんの話では慰安婦のあくどい勧誘に警察が関わっているが、慰安婦にするには親の承諾書も必要である。承諾書なしに慰安婦にすることはできない。ユン・ドゥリさんの話が事実とすれば朝鮮人の悪い警察官と売春婦斡旋業者がユン・ドゥリさんを誘拐したということである。乗せられたのは軍用トラックではなく違法業者のトラックであり、慰安所ではなく違法な売春宿で働かされただろう。

慰安婦が一日に30—40人の日本兵を相手させられたというのは事実である。それは日本政府も認めている。問題は慰安婦が性奴隷であったか否かであり、日本軍が強制連行したかどうかである。慰安婦が売春婦であったという資料はたくさんあるが性奴隷であったという証拠は「自称慰安婦」の発言だけである。強制連行したというのも証拠の資料はなく「自称慰安婦」たちの発言のみである。

沖縄には韓国女性の慰安婦が売春婦であったことは多くの証拠が残っている。彼女たちが性奴隷であった証拠はない。戦争が終わった時、一人の女性以外は全員故国朝鮮に帰っている。

慰安婦が売春婦であったという証拠は多くあり、性奴隷であったという証拠はなく、「自称慰安婦」たちの証言だけを証拠にしているから、慰安婦問題で日本と韓国が妥協合意することは不可能である。

韓国の元少女慰安婦が日本の各地で講演し、日本政府を訴えている。韓国では少女慰安婦の銅像を日本大使館の前に建てた。アメリカでも少女慰安婦像を増やしている。だから、彼女を違法な少女売春婦だと言っても信じる人は少ないだろう。しかし、それは事実だ。戦時中の朝鮮は法治国家だった。法律は十七歳未満の売春婦を認めていない。韓国は違法な少女売春婦像を建設しているのだ。韓国の恥を振りまいているといっても過言ではない。今に韓国は赤っ恥をかくことになるだろう。

「米軍慰安婦だった」と韓国人女性１２２人が集団訴訟

朝鮮戦争後の韓国で、政府の管理の下、駐留するアメリカ兵士の相手をさせられ、「米軍慰安婦だった」と主張する女性たちが、韓国政府に対し謝罪と賠償を求め集団訴訟を起こした

訴えを起こしたのは、いわゆる「基地の村」でアメリカ人兵士の相手をさせられた「米軍慰安婦だった」と主張する韓国人の女性１２２人である。

「基地の村」とは、朝鮮戦争後の１９５０年代後半、韓国に駐留したアメリカ

軍の付近にできた集落とされ、女性たちは声明書で「国家が旧日本軍の慰安婦制度をまねて『米軍慰安婦制度』を作り、徹底的に管理してきた」と指摘した。その上で、当時、政府が特定地域を売春防止の除外対象としたほか、女性を国家に登録させ、「愛国教育」という名称で教育まで受けさせたと説明している。

女性たちは韓国政府に対し、「米軍慰安婦制度」の歴史的事実と法的責任を認め、被害者に謝罪するとともに、１人あたり日本円でおよそ１００万円の賠償を求める訴えをソウル中央地裁に起こしました。

韓国では、過去にもこの問題が取り上げられたことがありますが、支援団体によると、こうした女性たちが訴訟に踏み切るのは初めてです。

ＴＢＳ系（ＪＮＮ）　六月二十六日(木)

韓国政府は日本軍のやり方を真似て米軍相手の慰安婦制度をつくっていた。ただ、日本軍は合法であり、法律を順守した行為であったが、韓国は売春を禁ずる法律がありながら韓国政府が違法行為をした。

○　女性には十代の娘もいた。
○　人身売買や拉致によって「基地村」に連行された。
○　暴力によって強制的に米軍人の相手をさせられた。

○　彼女たちは警察に助けを求めたが相手にされず、ただ外貨稼ぎに利用された。
○　米軍人相手に売春することが「愛国」であるといった教育までされた。

日本軍の慰安婦と戦後の韓国の慰安婦は本質的に違う。
女性の職業としての売春を認めた「娼妓取締規則」（日本・一九〇〇年）韓国「貸座敷娼妓取締規則」（韓国・一九一六年）は娼婦の人権を保障する法律であったが、その法律を遵守したのが日本軍の慰安婦制度であった。

戦時中の慰安婦
○　本人の意思
○　日本軍が保護
○　楼主が七、八人の慰安婦の生活を管理しながら経営
○　トラブルは憲兵隊が処理
○　日本軍指定の慰安所のみで商売
○　週一回の軍医の検診

慰安所は遊郭の大陸版であった。人権を保護した日本軍慰安婦と性奴隷だった韓国の米軍慰安婦とは違う。

韓国政府は「河野談話の検証」が発表された時、慰安婦に関する多くの資料を公開して反論すると発表したが、「さまざまな側面から対応していく」「全方位に対応」と今はトーンダウンしている。

慰安婦証言のドキュメンタリー映像を慰安婦が性奴隷だったという証拠として韓国政府は公表しているが、「河野談話の検証」で問題になっているのは慰安婦証言の検証をしなかったということである。慰安婦証言のドキュメンタリー映像を発表しても証言が本当であるという証拠を出さないと「河野談話の検証」に対する反論にはならない。

韓国政府は慰安婦が性奴隷であったという資料は確実に持っていない。だから、慰安婦たちの証言だけを発表しているのだ。

日本軍慰安婦は性奴隷ではなかったことを述べている本も韓国で出版された、「帝国の慰安婦」である。著者の朴裕河（パク・ユハ）氏（五七）＝女性＝は韓国で生まれ、日本の慶応大学や早稲田大学大学院で日本文学を学んだ後、現在は世宗大学日本語日本文学科教授を務めている。

「帝国の慰安婦」では、日本軍による性的暴力を、

〇一回きりの強姦
〇拉致した上での性的暴力
〇管理下での売春
の三種類に分類している。そして、朝鮮人慰安婦の大部分はこの三番目のケースが中心であったと述べているという。また、「帝国の慰安婦」は朝鮮人慰安婦と日本軍の関係は基本的には同志的な関係だったと述べている。

日本軍にとって慰安婦は兵士のストレスを解消し、性病の蔓延を防いで、日本軍の戦力を強くしてくれる重要な存在であった。慰安婦を性奴隷にすれば慰安婦の心が荒ぶ。それは兵士に悪い影響を与える。兵士に悪影響を及ぼさないために日本軍は慰安婦を保護したのである。

日本軍が慰安所を設置したのは慰安婦が性奴隷にされないためであったのだから韓国政府に慰安婦が性奴隷であったという資料があるはずがない。あればすでに公開していたはずだ。米国政府も慰安婦が性奴隷であったという資料を見つけていない。

他方、慰安婦が性奴隷ではなかったという証拠はたくさんあるし、米政府もその資料を多く持っている。

彼女は慰安婦ではない
違法少女売春婦だ

韓国の慰安婦少女像の少女は慰安婦ではなくて、違法売春婦である。

１９１０年（明治４３年）８月２２日に、韓国併合条約が漢城（現在のソウル特別市）で寺内正毅統監と李完用首相により調印され、同月２９日に裁可公布により発効、大日本帝国は大韓帝国を併合し、その領土であった朝鮮半島を領有した。１９４５年（昭和２０年）８月１５日、大日本帝国は第二次世界大戦（太平洋戦争／大東亜戦争）における連合国に対する敗戦に伴って実効支配を喪失し、同年９月２日、ポツダム宣言の条項を誠実に履行することを約束した降伏文書調印によって、正式に大日本帝国による朝鮮半島領有は終了した。

韓国併合への道のりは韓国。清国、ロシアとの複雑な関係があって簡単に説明することはできないし、韓国併合が大日本帝国による近代化であったという解釈と植民地化であったという解釈に別れているのが現状である。しかし、韓国併合した後、枢要なポストをほぼ日本人が握っていた総督府が行政・司法・立法をすべて総覧していた事実は単純明快であり誰もが認めるところである。ここではっきり言えることは韓国併合後の韓国は日本主導の法治国家になったことである。

朝鮮の慰安婦は一九一六年三月三十一日に公布した「貸座敷娼妓取締規則」に則っていなければならない。「貸座敷娼妓取締規則」には年齢制限がある。娼妓になれるのは１７歳以上である。１７歳未満は娼妓になれない。慰安婦は日本軍が管理する慰安所で日本兵を相手にする娼妓である。慰安婦は１７歳以上でなければならない。

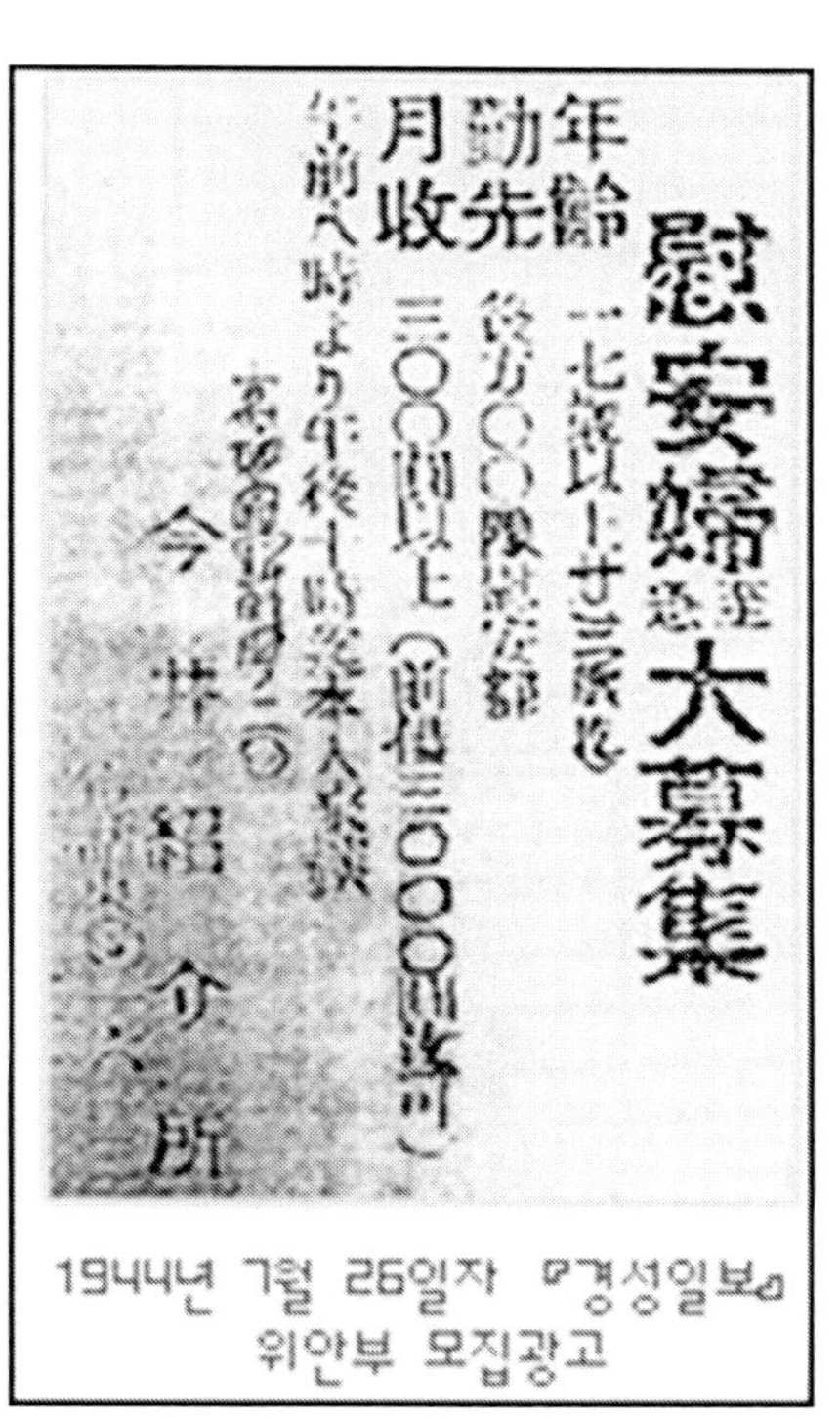

1944년 7월 26일자 『경성일보』
위안부 모집광고

慰安婦募集のポスターにもはっきりと年齢は１７歳以上と書いている。これは朝鮮では「貸座敷娼妓取締規則」という娼妓になれる女性は１７歳以上なければならないという法律があったからである。つまり慰安婦になれるのは１７歳以上であったのだ。朝鮮が日本の植民地であったとしても日本の法治主義が適用されたのが当時の朝鮮社会であり、朝鮮では法律を守らなければならなかった。それが慰安婦募集のポスターにも表れている。

併合される前の韓国は大韓帝国であったが、大韓帝国は法治国家ではなかった。日本が統治することによって法治国家になったのである。

明治政府は四民平等、法治主義を掲げて誕生した。アジアで初めての法治国家である。江戸幕府の時はなかった売春に関する法律もつくった。それが娼妓取締規則という法律である。日本は法治国家であり、日本軍は法治主義に徹した。娼妓取締規則に明記している日本は１８歳以上、韓国は１７以上の年齢制限を守った。

韓国は国内や海外に少女慰安婦像を建設して、少女の慰安婦が居たことで日本政府非難を高めている。しかし、日本は慰安婦を容認したが１７歳未満の少女慰安婦は禁止していた。慰安婦の書類は現地の日本軍の憲兵に渡ることになっている。憲兵が見るのだから書類上は１７歳以上でなければ慰安婦にはなれなかった。日本軍が管理している慰安所に１７歳未満の少女慰安婦が居るのはあり得ないことである。

慰安婦は売春婦の中でも日本軍が指定した慰安所で日本兵のみを相手にする特別な売春婦のことである。慰安婦になるには規制は厳しかった。慰安婦を志望する女性は親や村長の承諾を示す書類と戸籍を警察に提出しなければならなかった。

だから、１７歳未満の少女が慰安婦になることはできなかったのである。
もし、居たとしたら書類には少女が１７歳以上であると記載されていたことになる。朝鮮の民間業者と警官が少女の戸籍を偽造したことになる。少女慰安婦は朝鮮の民間業者や警官が違法行為をしたから存在したことになる。もし、そうであれば慰安婦にしてはいけない少女を朝鮮の民間業者と警官がぐるになって慰安婦にしたということになる。これは日本の問題ではない。韓国の問題である。

法治国家日本で日本軍の規律は特に厳しかった。この厳しさが日本軍を強くしたと言える。

日本軍は慰安婦を相手にする日本兵に対しても規律が厳しかった。慰安婦にお金を払わなかったり、乱暴した時は憲兵が逮捕して罰した。また、慰安所以外で会うことも禁じられていた。見つかった時は独房行きであった。

軍律が厳しい日本軍が慰安婦の年齢について厳しかったのは当然である。日本軍が１７歳未満の慰安婦を認めることはあり得ないことである。日本の慰安婦には少女はいなかった。それなのに朝鮮には居るはずのない少女の慰安婦が居た。

少女慰安婦が日本軍の管理していた慰安所に居たというのはあり得ない。憲兵が慰安婦の年齢、出身地などを記入した資料を調べる。少女が日本軍が管理する慰安所に入ることは不可能であった。少女慰安婦が慰安所に居たことはあり得ないことである。慰安所ではなく、日本軍が管理していない民間の売春宿に少女売春婦が居たとしか考えられない。

韓国は日本兵相手の売春婦を全て慰安婦と呼んでいる。しかし、日本兵を相手にする売春婦の全員が慰安婦ではなかった。民間の売春婦も多く居た。彼女たちは「貸座敷娼妓取締規則」に則って正式に売春婦になったのではない。彼女たちは違法な売春婦である。違法な売春婦であっても韓国では日本兵相手であれば慰安婦と呼んでいるのである。

１７歳未満の少女慰安婦は違法な慰安婦であり、法律的には違法売春婦である。違法少女売春婦が民間の売春宿で日本兵を相手に商売をしていたのである。朝鮮には日本が朝鮮を併合する前は売春に関する法律はなかった。女性売買を禁ずる法律もなかった。だから、江戸時代と同じように売春は規制がなく自由であり、少女売春、人身売買が横行していた。「貸座敷娼妓取締規則」を制定したのは一九一六年である。朝鮮社会に法律が浸透する期間が短かったから、戦争当時の朝鮮社会では少女売春や人身売買は絶えなかったであろう。

少女慰安婦は「貸座敷娼妓取締規則」が浸透していなかった朝鮮社会だから存在していた違法少女売春婦である。

少女慰安婦像は
韓国の恥である

１７未満の少女を慰安婦にしたのは韓国の恥である。日本の評論家でそのことを問題にする者は居ない。不思議である。日本の評論家たちは慰安婦に１７歳未満の少女がいたことを認めているのだろうか。反論しないということは認めていることになる。

少女慰安婦像は日本の問題ではなく韓国の問題である。韓国は韓国の恥を自分たちで振りまいているようなものである。恥の自覚がない韓国には呆れてしまう。

海外でも少女慰安婦像の設置が増加していることに図に乗った韓国では、釜山の日本総領事館前の慰安婦を象徴する少女像を、釜山市が管理できる条例案を３０日、同市議会本会議で全会一致で可決、成立させた。今までは市民団体が少女慰安婦像を設置していたが釜山市が管理するようになったのである。公的な機関が戦前の朝鮮は少女を日本兵相手の売春婦にしたということを認めたのである。釜山市は戦前の朝鮮が少女に違法な売春をやらせたのを公言したに等しい。

朝鮮の少女が慰安婦になって日本軍の慰安所にいたらそういうことになる。しかし、日本兵相手の売春は慰安所だけで行われていたのではない。日本軍陣地の周囲には多くの民間の売春宿があった。慰安所は地位によって時間が割り振られていた。二等兵などの身分の低い兵隊は夜になる前のは早い時間にあてがわれ、身分が高くなればなるほど遅い時間にあてがわれていた。それに不満のある日本兵は多かったはずである。彼らは夜になると民間の売春宿に行った。日本軍が駐留しているところには彼らを相手に商売する民間売春宿は多かった。経営者は日本人もいたし韓国人もいた。

売春の商売は大儲けできる時代である。民間売春宿も多かったが売春宿に売春婦を斡旋する韓国人の業者も多かった。彼らは誘拐したり買ってきた少女を売春宿に売った。

民間の売春宿は憲兵が書類検査をしなかった。韓国の業者が17歳未満の少女を働かせていたのは言うまでもない。貧しい家庭の女性の人身売買は盛んに行われていただろう。貧しい戦前の沖縄も人身売買は行われていた。

釜山の日本総領事館前の慰安婦少女像は市民団体が昨年12月末に無許可で公道に設置したから、少女慰安婦像は道路法に違反していた。違反を承知で民間団体は設置したのに韓国の警察は撤去しなかったのである。違法がまかり通っている韓国であるが、さらにひどいことには違法設置の少慰安婦女像を釜山市が合法にしたのである。

法律はどうにでもなるのが韓国のようである。

文韓国大統領は、日韓合意について「国民の大多数が心情的に受け入れられないのが現実だ」と言っている。政府と政府の合意よりも国民の心情を優先するのが韓国だということである。法律なんて二の次三の次にするのが韓国なのだ。

「和解・癒やし財団」が支援事業で行う現金支給について、元慰安婦の４７人うち３６人が受け入れる意向を示している。そのことは財団関係者が３０日に明らかにした。７０％以上の元慰安婦が日韓合意に賛成をしていることになる。過半数をはるかに超えた元慰安婦が日韓合意に賛成していることは事実である。しかし、その事実を無視して国民の心情を理由に日韓合意を受け入れることができないというのが韓国の大統領である。

そんな韓国であるのなら。韓国を納得させるには日本側の道理を全て引っ込めて韓国の心情的要求をすべて受け入れなければならないということだ。心情には正当な理論も歴史的事実も通用しない。

しかしである。心情を受け入れて韓国の要求を受け入れたとしても、心情というのは一定ではない。時間が経てば変わっていく。するとまた、新たな心情的な要求が出てくるだろう。今日、日韓合意をしても明日は破綻するということだ。

そんな韓国とは政治的な合意をする価値がない。であるならば朴大統領と日韓合意をしたのだから、すでに締結した日韓合意に固辞して、文大統領の新たな心情的要求はほっとけばいい。それが最良の方法だ。

慰安婦問題を韓国は心情で主張している。なにが歴史的事実であるかは韓国にとって関係がない。本当も嘘も関係がない。韓国国民の心情では「慰安婦は性奴隷」に尽きる。これに法的にかつ歴史的に反論してもなんの効果もない。韓国にとって日本の主張することはみんな嘘であると決めつける。彼らは「慰安婦は性奴隷」が真実であると繰り返すだけだ。そして、少女慰安婦像を世界中にどんどん設置していく。

冷静に見てみよう。すると少女慰安婦は朝鮮だけであることに気付く。日本にも他のアジアの国々にも慰安婦は居たが少女慰安婦はいなかった。

朝鮮だけは少女さえも慰安婦にしたのである。少女の人権を無視したのが朝鮮である。

少女慰安婦は日本軍陣地の慰安所には居なかった。日本軍陣地の外の慰安所つまり民間人が経営する売春宿にいたということだ。

少女慰安婦像の設置は、朝鮮が少女の人権を無視し、少女に売春をさせたことが事実であるということを韓国が世界に発信しているということである。韓国は韓国の恥を世界に発信しているのだ。なぜ韓国はそんなことを平気でやるのか。その原因は都合の悪い事実には目を背けて、自分たちの都合のいい心情だけで行動するからである。

韓国の恥を韓国に自覚させるのはとても難しい。私たちはそのことを認識しなければならない。しかし、世界の国々は韓国とは違うだろう。丁寧に説明すれば理解してくれるだろう。日本は韓国ではなく世界に慰安婦問題を発信するべきである。

少女慰安婦は韓国の恥である。恥を恥と思わないほどに韓国の心情はおかしくなっている。

少女慰安婦像の設置は韓国の恥を世界に宣伝しているようなものだ。どんどん設置して後で大恥をかくといい。

２０１７年１０月１０日発行
少女慰安婦像は韓国の恥である
定価１４０４円(消費税込)

編集・発行者　又吉康隆
発行所　ヒジャイ出版
〒９０４-０３１４
沖縄県中頭郡読谷村字古堅５９-８
電話　０９８-９５６-１３２０
印刷所　東京カラー印刷株式会社
ISBN978-4-905100-26-3
C0036

著者　又吉　康隆
１９４８年４月２日生まれ。沖縄県読谷村出身。
琉球大学国文学科卒。

ヒジャイ出版の本

評論

沖縄に内なる民主義はあるか　定価１６２０円(税込)　著者　又吉康隆

翁長知事・県議会は撤回せよ謝罪せよ　定価１０８０円(税込)　著者　又吉康隆

あなたたち　沖縄をもてあそぶなよ　定価１４５８円(税込)　著者　又吉康

捻じ曲げられた辺野古の真実　定価１６５２円(税込)　著者　又吉康隆

違法行為を繰り返す沖縄革新に未来はあるか　定価１４０４円(税込)

小説

一九七一Ｍの死　定価１１８８円(税込)　著者　又吉康隆

ジュゴンを食べた話　定価１６２０円(税込)著者　又吉康隆

バーデスの五日間　著者・又吉康隆

上巻１４０４円(税込)下巻１２９６円(税込)

おっかあを殺したのは俺じゃねえ　定価１４５８円(税込)　著者・又吉康隆

台風十八号とミサイル　定価１４５０円(税込)　著者・又吉康隆

季刊誌

かみつく　定価１２９６円(税込)
かみつく２　定価１６２０円(税込)
かみつく３　定価１６２０円(税込)
沖縄内なる民主主義４　定価６４８円(税込)
沖縄内なる民主主義５　定価６４８円(税込)
沖縄内なる民主主義６　定価６４８円(税込)
沖縄内なる民主主義７定価１６２０円(税込)
沖縄内なる民主主義８定価１６２０円(税込)
沖縄内なる民主主義９定価１５１２円(税込)
沖縄内なる民主主義１０定価１５１２円(税込)
沖縄内なる民主主義１１定価１５１２円(税込)
沖縄内なる民主主義１２定価１４９０円(税込)
沖縄内なる民主主義１３定価１４９０円(税込)

県内取次店　沖縄教販　ＴＥＬ　０９８-８６８-４１７０
本土取次店　(株)地方小出版流通センター　ＴＥＬ　０３－３２６０－０３５５